一個瑜伽士的

內在喜悅工程

轉心向內　即是出路

Inner Engineering: A Yogi's Guide to Joy

作者◎薩古魯（Sadhguru）

譯者◎項慧齡

你所謂的奇蹟，

也許是另一個人按部就班且精心實踐的成果。

——羅伯特·海萊因（Robert A. Heinlein）

目次

第三部 頭腦

由四個字母所組成的字

「guru」的字義是「驅除黑暗者」

有一次，一個顧客正要走進山卡蘭．皮萊（Shankaran Pillai）的藥局時，看見藥局外有一個人正抱著路燈，他因此而驚得目瞪口呆。

走進藥局之後，他問：「那個人是誰？他有什麼毛病？」

皮萊回答：「喔，那個人啊！他是我的顧客。」

「他是怎麼回事？」

「他想要治療百日咳，所以我給了他一些適合的藥物。」

「你給他什麼藥？」

「一盒緩瀉劑（laxatives），而且要他當場服用。」

「緩瀉劑治療百日咳？你為什麼給他那玩意兒？」

「喔，你瞧瞧他那樣子，你覺得他還敢再咳了嗎？」

皮萊開處的那盒緩瀉劑，象徵了今日世界對著那些尋求幸福的人所叫賣、兜售的

「解藥」。這正是「guru」（古魯）這個詞彙變成一個具冒犯意味粗話的根本原因。

不幸的是，我們已經忘記這個字的真實意義。「guru」（古魯）的字義是「驅除黑暗者」（dispeller of darkness）。相反於一般之見，「古魯」的功用不在於教導、灌輸或改信皈依。在此，「古魯」是指照亮、闡明你目前無法感知的層面，而這些層面不但超越你的感官覺知，也超越你的心理戲碼（psychological drama）。基本而言，「古魯」是闡明你存在的本質。

容易造成誤導的教法

在今日的世界中，流傳著許多謬誤的教法，其誤導性已經到了危險的程度，「處於當下」（be in the moment）即是其中之一。

「處於當下」這句話是在假設，如果你想要在「當下」以外的其他地方的話，你可以這麼做。這怎麼可能呢？「當下」是你能夠置身的唯一處所。如果你活著，你就活在「這個」當下；如果你死了，你就死在「這個」當下，此一當下即是永恆。即便你嘗試去逃脫，你怎麼可能逃脫當下？

此時此刻，你的問題在於，你為了十年前發生的往事而受苦，或為了可能會在後天發生的事情而受苦。但這兩者都不是活生生的真相，它們純粹是你的記憶和想像的戲碼。那麼，這是否意味著，為了尋找寧靜，你必得徹底摧毀你的頭腦（mind）❶？

❶薩古魯認為「頭腦」（mind）是人透過五種感官所積聚而成。在瑜伽的分類系統當中，頭腦有十六個層面，總共分為辨別、積聚、覺知、我執等四類。我們所有感受的方式和思惟的方式都是頭腦的活動，當我們觸及超越身體和頭腦的層面時，就已經觸及意識和覺察之源。

完全不是如此，它純粹是指你需要掌控頭腦。你的頭腦攜帶著巨大的記憶儲存庫和不可思議的想像力，這是經過數百萬年演化過程的結果。如果你可以在想要時使用頭腦，在不想要時把它棄置一旁，那麼，頭腦會是一個極佳的工具。躲避過去和忽略未來，等於是在貶低這個絕妙官能的重要性。因此，「處於當下」成為一種心理限制，並且製造嚴重後果——它否定了我們存在的實相。

「一次只做一件事」已經成為另一個流行的自助口號。頭腦是一個傑出非凡的多面向機器，能夠一次處理數個不同層面的活動，因此，你為什麼一次只做一件事？與其學習去控制和駕馭頭腦，你為什麼反而想要徹底摧毀頭腦？當你知曉心理活動所帶來的陶醉喜悅之後，你為什麼會選擇去做腦葉切除術，自願做個植物人？

「正面思考」是另一個過度使用而變成陳腔濫調的短語。當「正面思考」被過度簡化，被用來當作一個速成速效的口號時，它就成為掩蓋或粉飾現實的方式。當你無法處理即時的資訊和控制心理戲碼時，你就揪住「正面思考」不放，把它當作一種鎮靜劑。剛開始，它似乎使你的生活充滿嶄新的信心和樂觀，但在本質上，它卻是有限的。長遠來看，如果你否認或切除一部分的現實，你就會對人生產生一種不平衡的觀點。

接著，有一個歷史悠久的行業，把人類的福祉傳播上天，並且聲稱「愛」是宇宙的核心。「愛」是人類的可能性，如果你需要一個更令人耳目一新的課程，你可以向你的狗學幾堂課，牠渾身充滿了愛！你不必上外太空去認識「愛」。

所有這些幼稚傻氣的哲學，都源自「存在是以人類為中心」的假設。單單這個想法就已經使我們喪失所有的理智，並犯下歷史上最殘暴無人性且令人髮指的罪行，而這種情況一直持續至今。

古魯只是一張活生生的地圖

身為一個古魯，我沒有可教導的教義，也沒有可傳授的哲理，更沒有可弘揚的信仰，這是因為「自我轉化」才是解決所有困擾人類之弊病的唯一方案。「自我轉化」不是漸進的自我提升和改善，不是藉由道德、倫理規範、態度或行為舉止的轉變而達成，而是藉由體驗我們的無限本質而達成。「自我轉化」是指沒有任何老舊的殘跡，它意味著你感知和體驗人生的方式產生巨幅且具深度的轉變。

了知這一點，即是瑜伽；加以體現的人，即是瑜伽士。在這個方向引導你的人，即是古魯。

本書的目的在於幫助你，使喜悅成為你長相左右的友伴。為了達成此一目的，本書所提供的不是一場佈道，而是一門科學；不是一個教法，而是一項技術；不是一種戒律，而是一條道路。此時是探索此一科學，而與技術共事，並行走於道上的時機。

在這趟旅程裡，古魯不是目的地，而只是地圖。內在的維度（dimension）是個未知的地帶，如果你正在探索你不熟悉的地帶，有路標不是比較好嗎？你當然可以尋找自己的路途，但誰知道呢，你可能會花上好幾輩子的時間。當你置身陌生的地帶時，採取指路人所指示的方向，才是明智的作法。在某個層次上，這即是「古魯」的意義——一張活生生的地圖，一個GPS——古魯導航系統（Guru Pathfinding System）！而這正是「guru」（古魯）這四個聲名狼藉的字母存在的原因。

為了事半功倍，我想要把這個字變成八個字母❷……

——Sadhguru（薩古魯）

❷這八個字母就是「Sadhguru」（薩古魯）。「Sadhguru」不是一種頭銜名號，而是一種描述，其意是指「未受教育的古魯」（uneducated Guru），用來指稱一個源自內在體驗的人。本書作者薩古魯說：「在宗教心靈這方面，我幾乎百分之百地未受教育。我不懂任何經典，沒讀過《吠陀經》，也懶得去讀《薄伽梵歌》。」

PART 1

給讀者的短箋

讀者們在閱讀了這樣的一本書之後，可以採取許多不同的應對方式，其中一個方法是直接投入修行，一頭衝入「自己動手做」（do-it-yourself）的模式。然而，這本書不是一本自助手冊，它除了具有強烈的修行取向之外，也包含更多的功能。

另一個方法是從理論著手，但這本書也不是一種學術訓練。我從未整體且全面地閱讀任何瑜伽論著，我從來不必這麼做，因為我是源自內在的體驗。唯有在之後的年歲當中，我瀏覽帕坦伽利（Patanjali）著名且重要的瑜伽文本《瑜伽經》（*Yoga Sutras*），我才瞭解到自己可以進入這些著作的內在核心。這是因為我是從經驗上趨近這些著作，而非從理論上著手。把瑜伽這樣一門精密的科學簡化降格成為一種教義，有如把它轉變成為一種有氧運動那般悲哀。

因此，本書分為四部。第一部為這個未知的地帶繪製地圖，第二部至第四部則提供使用這張地圖來定位導航的方法。（編按：本書的第二部至第四部部分即原書的第二部。）

在第一部當中，你將不會讀到洋洋灑灑的學術知識。相反地，它提供了一系列根本且重要的內觀洞見，而第二部至第四部比較偏重實修，則建築在這些洞見所構成的基礎上。

這些洞見既非信條，也非教法，它們肯定也不是最終的定論。我們最好把它們視為旅途上的指標，而除了你之外，沒有人可以創造這段旅程。這些洞見是我在三十三年前經歷了一場轉化生命的體驗之後，所產生的核心觀點，它們是一種高度覺知（梵 chitta；awareness）狀態所產生的結果。

第一部以一個自傳的說明為開場白，如此一來，如果你選擇把這本書讀完，你就會多多少少地知道伴你讀完這本書的作者是什麼樣的人。在此之後，這個部分開始審視某些基本概念，探索一些人們慣常使用（和誤用）的術語，例如「命運」（destiny）、「責任」（responsibility）、「幸福」（well-being），甚至「瑜伽」（yoga）這個更基本的用語。

這一部的某些章節是以一個「靈性修持」（sadhana）作結。在梵語當中，「sadhana」是指一個裝置或工具。這些探索的工具為讀者提供了一個機會，以便把這些書頁討論的想法和概念付諸行動，並且看看這些洞見是否發揮作用。（在下文中，這些「靈性修持」將更頻繁地出現。）

人們常常說，我似乎是一個「摩登的」古魯。我對此觀察所產生的反應是，我既不摩登也非老掉牙，既非新派也非舊派。我是當代的，而每個古魯也一直都是如此，唯有學者、專家和神學家才有古今之分。哲學或信仰體系可新或舊，但古魯一直都是當代的。

如我之前所說的，古魯是一個驅除黑暗、為你開啟一扇門的人。如果我答應明天為你開一扇門，或我昨天已經為某個人開了一扇門，這都沒有任何意義。唯有我今天為你開啟一扇門，它才具有一些價值。

因此，真理是永恆不朽的，但技術和語言卻一直都是當代的。如果它們不是，就應該被拋棄。如果傳統已經失去了它的意義，那麼，儘管它歷史悠久又受人敬重，它的價值也不會大於一件博物館收藏品。因此，儘管我將在本書探索的是一項古代的技術，但它卻也是完美無暇、最為先進的技術。

就我個人而言，我無意提供任何嶄新的事物，而我也只對真實的事物感興趣，但我希望以下的書頁將提供一些「嶄新」和「真實」交會的時刻。因為在這些交會的時刻，當因緣恰當時，當一個洞見從內在明晰之處清晰地展現，並在正確的時刻與讀者相遇而被讀者領受時，一個歷史悠久的真理將會產生奇妙的變化。突然之間，它變得清新生動、煥然一新，彷如頭一次在歷史上發聲，並且被聽聞。

第一部

內在的轉化

「自我轉化」是指沒有任何老舊的殘跡，它意味著你感知和體驗人生的方式產生巨幅且具深度的轉變。了知這一點，即是瑜伽。

第一章

渾然忘我

1

與萬物合一的體驗

在印度邁索爾市（Mysore）有個傳統，那就是如果你有事要辦，你就得上查蒙迪山（Chamundi Hill）。如果你有事要做，你也得上查蒙迪山。如果你墜入愛河，你同樣得上查蒙迪山。如果你失戀了，那更必須上一趟查蒙迪山。

一天下午，我無事可做，而且剛剛失戀，於是我上了查蒙迪山。我停好摩托車，然後坐在一塊位於上山途中三分之二處的岩石上，這是我的「冥想石」（contemplation rock）。此時，我坐在那裡已經有一段時間了。一棵紫莓樹和一棵低矮的印度榕樹盤纏的樹根，深深地鑽入岩石表面的裂隙之中。邁索爾市的全景在我眼前開展。

在我過去的經驗裡，我的身體和頭腦是「我」，而世界是在「外面」，但在那個剎那，我突然不知道「我是什麼」以及「我不是什麼」。當時，我仍然睜著雙眼，但我吸進的空氣、我坐於其上的岩石，以及周遭的氛圍，所有的一切都變成了「我」。我是一切，我有意識，而且神志清醒，但我失去了感官知覺，而感官知覺的辨別本質已不復存在。我說得愈多，它聽起來就會愈讓人覺得瘋狂，因為當時所發生的一切皆無法形容，基本上是我無處不在。一切都急劇擴大，超越界限，一切事物都迸發成為其他事物，那是一種了無維度的、絕對完美的合一。

我的生命即是那個剎那，而它優美地歷久不衰。

當我回復正常的意識狀態時，我覺得時間好像只過了十分鐘，但是當我看著手錶，才發現當時已經是晚上七點三十分！四個半小時過去了。我的雙眼是睜開的，而那時已日落西山，夜幕低垂。我徹底清楚地明白，在那個時刻，我一直以來所認為的「我」已經徹底消失。

我從來不是那種喜歡哭哭啼啼的人，然而廿五歲那年，在查蒙迪山的岩石上，我欣喜若狂，淚水傾流而下，濕透衣襟！

對我而言，做一個寧靜快樂的人從來不是問題，我一直過著自己想要過的生活。我成長於一九六〇年代穿牛仔褲的「披頭四」時代，閱讀歐洲哲學和文學作品，例如杜斯妥也夫斯基、卡繆、卡夫卡等等。但是在此時此地，我迸發進入一個完全不同且自己一無所知的存在維度，浸淫在一個完全嶄新的感受當中，興高采烈，充滿喜樂，這是我以前從來不知道或想像不出來的感受。當我用抱持懷疑態度的頭腦來看待這件事時，我的頭腦唯一能告訴我的是：我可能發瘋了！然而，它是那麼地美妙，而我知道我不想失去它。

我一直無法形容那個下午究竟發生了什麼事情。或許，最貼切的說法是，那天我上了山之後，就沒有下來了。我一直都沒有下山。

樹上時光——「搖擺的冥想」

我出生於邁索爾，那是一個相當富饒的城鎮，位於南印度，是往昔的首都，以其宮殿和庭園而聞名。我父親執醫，母親是家庭主婦，我是四個兄弟姊妹裡的老么。

我覺得學校無聊乏味，無法定定地坐在課堂上，因為我可以看清老師們正在談論的事情對生活毫無意義可言。當年四歲的我，每天早晨都吩咐管家把我送到校門口就好，不要跟著我進教室。一旦她離開，我就飛快地衝到學校附近的峽谷，其中充滿了各式多得不勝枚舉的生命。我開始累積擴展一個廣大的私人動物園，把昆蟲、蝌蚪、蛇裝進從父親藥櫃取來的瓶子裡。幾個月之後，父母發現我沒有上學，對我的生物探索也冷眼相待，把我在峽谷的探險考察視為在水溝裡胡攪瞎搞。我眼中枯燥乏味、毫無想像力的成人世界常常讓我感到挫敗，因此我開始把注意力轉向他處。

在後來的年歲裡，我寧願在森林裡漫遊來消耗白天的時光，到處捉蛇、捕魚、爬樹乃至翻山越嶺。我常常帶著午餐和水瓶，爬上一棵大樹的頂端。搖曳的樹枝把我帶入一種彷如出神的狀態；在那種狀態中，我既是睡著的，同時也大為清醒。在這棵樹上，我完全失去了時間感。我會從早上九點就開始棲坐在樹上，一直到傍晚四點半放學的校鐘響起為止。我很久以後才瞭解到，在生命的這個階段，我已經在不知情的情況下開始冥想。後來，當我首次教導人們從事冥想時，我總是教導「搖擺的冥想」（swaying meditations）。當然，那時的我甚至連「冥想」（meditation）這個詞都從未聽聞，我只是純粹喜歡大樹把我搖擺進入一種超越睡眠和醒覺的狀態。

我覺得課堂單調乏味，但我卻對其他每一件事情興致勃勃——世界被創造出來的方式、地形地貌，以及人們生活的方式。我常常在鄉間的泥土路上騎腳踏車，一天最少騎上三十五公里，等我回到家時，一層層的泥巴和塵土積集滿身。

我特別喜歡在腦海裡繪製我行經之地的地圖。當我獨自一人時，我只消閉上眼睛，就可以在腦海中重新畫出當天下午所見的風光景致——每一顆石頭、每一塊露出地面的岩石，以及每一棵樹木。不同的季節、土地經過耕犁、作物開始發芽之後所產生的變化，都令我著迷，這也是我為什麼受到湯瑪斯．哈代❸的著作所吸引的原因。他長篇幅地描述英國的風光景致，我也以相同的方式在腦中描述周圍的世界。即使在今天，它仍然像我腦袋裡的一卷錄影帶，我可以隨心所欲地重新播放那些年來我所觀察到的一切，清晰生動，栩栩如真。

「我不知道」是尋求了知的唯一出入口

我一向是個抱持懷疑態度的死硬分子，即使在五歲這個年紀，當我的家人前往

❸湯瑪斯．哈代（Thomas Hardy, 1840-1928）：英國文豪、詩人、小說家。其作品多以農村生活為背景，常揭露和批判資本主義社會的文明和道德，透露出深邃的人文悲憫情懷。著名的作品有《德伯家的苔絲》（*Tess of the d'Urbervilles*）、《還鄉記》（*The Return of the Native*）等。

寺廟時，我就有一大堆的疑問。「神是誰？」「祂在哪裡？」「上面那裡？」「哪裡是上面？」兩年之後，我的問題甚至更多了。在學校，他們說地球是圓的，但如果地球是圓的，那我們怎麼知道哪一邊是上面？沒有人能夠回答這些問題，因此我從未踏進寺廟一步。這表示我的家人不得不把我留在寺廟外面，讓看管鞋子的人員監護我。看鞋人的手就像一把老虎鉗般緊緊鉗住我的手臂，又拖又拉地帶著我跟他一起做事。他知道，如果他往別處看，我就會一溜煙地不見了！在我之後生命的年月中，我注意到那些從餐廳出來的人，總是比那些從寺廟出來的人更加面帶喜悅。我為此而著迷。

儘管我是一個抱持懷疑態度的人，但我也從不認同這個標籤。我對所有的一切都存有許多疑問，但也從不覺得我需要去得出任何結論。我很早以前就瞭解到，我對任何事物都一無所知。因此，我投入極大的注意力去觀照身邊的每一件事物。如果某人給我一杯水，我就會沒完沒了地凝視它。如果撿起一片葉子，我也會沒完沒了地盯著它看。我徹夜凝視著黑暗。如果我注視一粒卵石，那卵石的影像會在我的腦海裡無休止地轉動，因此，我知道它的每一絲紋理和每一個角度。

我也看見「語言」只不過是人類發明設計出來的一個陰謀。如果有人開口說話，我瞭解到他們只是在發聲，而我則是在構成它的意義。因此，我停止構成聲音的意義，而那些聲音因而變得非常有趣，我可以看見從人們嘴巴噴湧而出的各種模式。如果我一直凝視下去，那個說話的人就會分解而變成一團能量，而唯一剩下的就只是模式！

在這個無邊際的無知狀態中，幾乎任何事物都能夠吸引我的注意力。我親愛的、身為醫師的父親開始認為我需要進行心理評估。他說：「這個男孩老是眼睛一眨也不眨地盯著東西看，他完完全全地被迷住了！」我一直覺得奇怪，這個世界沒有瞭解到「我不知道」這個狀態的廣大浩瀚。那些用信仰和假設來摧毀這個狀態的人，完全錯失了一個巨大的可能性——了知的可能性。他們忘記「我不知道」是一個出入口，是尋求和了知的唯一出入口。

我母親要我把注意力放在老師身上，而我也如法照辦。我給予老師們的注意力，是他們從來不會從其他地方得到的那種注意力！我不知道他們在說些什麼，但是當我真正去上課時，我目不轉睛、熱切地凝視著他們。基於某些緣故，他們不覺得這是一個討人喜歡的特質。其中一個老師竭盡所能地要引誘我作出反應，但是在我保持靜默寡言之後，他抓住我的肩膀猛力地搖動。「你非聖即魔，」他宣稱，接著補上一句：「我想你是後者！」

對此，我不特別感到受辱。在此之前，我一直對我周遭的每件事物存有疑惑，從一粒沙到整個宇宙。但是在這個錯綜複雜的疑問之網中，有件事物一直都是確定的，那就是「我」。那位老師爆發的怒氣，則又觸發一系列的探究和詢問。「我是誰？」「我是人，是聖，是魔？」我試著凝視自己，藉以找出答案，但毫無用處。因此，我閉上眼睛，試圖去尋找答案。從短短的數分鐘變成數小時，我持續地坐著，雙眼緊閉。

當我睜開眼睛時，每件事物都令我著迷，一隻螞蟻、一片樹葉、白雲、花朵和黑暗，幾乎任何事情都令我著迷。令我驚奇的是，我發現閉上眼睛時，甚至有更多的事物吸引我的注意力——身體搏動的方式、不同器官運作的方式、內在能量（prana）沿著各個經脈（nadi）行進的方式、身體結構校準的方式，以及界限只限於外在世界的這個事實，這個練習使得身而為人的這整個機制在我面前開啟。與其說它引導我得出我是「這個」或「那個」的簡單答案，它反而使我漸進地了悟到，如果我願意的話，我可以成為一切。這無關乎推出任何結論，在身而為人的更深刻意義開始展現時，甚至連「我」的必然性也分崩離析。這個練習瓦解了我，使我從一個了知自己是一個有自主權的人，變成一個模糊不清的人。

進入瑜伽的世界

儘管我向來狂放不羈，但是我卻有辦法以一種出奇的紀律來修持瑜伽。在十二歲那年的暑假，我開始練習瑜伽。我們一大群堂兄弟姊妹，每年都會在爺爺祖上留傳下來的老屋相聚。在祖厝的後院，有一口超過一百五十英尺深的老井。在堂姐、堂妹玩捉迷藏時，我們這群男孩慣常玩的遊戲就是跳入深井，然後再從井底爬上來。跳入深井和從井底爬上來，兩者都是一項挑戰。如果你沒有做對，就會腦袋開花，血抹得井壁上到處都是。在往上爬時，沒有階梯可踩，你必須緊緊抓著岩石表面往上爬，指甲常常會因為壓力而流血。只有幾個男孩能夠這麼做，我是其中之一，而且我相當在行。

有一天，一個七十多歲的男人來到後院，並且在觀看我們一陣子之後，二話不說地跳入井中。我們都以為他完蛋了，但他從井中爬上來的速度比我還快。我放下自尊心，只問了他一個問題：「你怎麼辦到的？」「來，跟我學瑜伽。」老人說。

我像一隻小狗般跟隨他，就這樣成為瑪拉迪哈利大師（這是世人共知的名字）❹的學生，並且進入瑜伽的世界。在過去，每天早晨喚我起床得全家總動員，我的家人努力把我弄起來坐在床上，但我又會立刻倒下去睡著。母親把牙刷遞給我，我把牙刷放進嘴巴之後又睡著了。在情急之下，她會把我推進浴室，但我又立刻呼呼大睡。但在開始練習瑜伽三個月之後，每天清晨三點四十分，我的身體不需要任何外力催促地開始甦醒，直至今日仍是如此。在清醒之後，我立刻開始練習瑜伽，不論我置身何處，不論我面臨何種情況，都從未有一天中斷。這個簡單的瑜伽稱為「安伽瑪達那」（angamardana，一種瑜伽系統，可以強健筋骨和四肢），它肯定讓我在身心兩方面都特立出眾。就是這麼回事，而我也相信是如此。

在此時，我對結構嚴謹的教育信心全失。我不是因為憤世嫉俗才有這種想法，我有足夠的熱情和活力，而能持續投入每一件事情。然而，即使在這個年紀，「明晰」就已經是我主要的特質。我並未刻意積極地在學校所教導的任何事物中，尋找前後矛盾或破綻之處，我只不過是一眼就能看到那些破綻和漏洞。在我的生命裡，我從未去尋覓任何事情，我只是觀看。而這正是我現在試圖教導人們的事情——如果你真的想要明瞭靈性，就不要尋覓任何事物。人們認為，靈性是尋找神、真諦或終極實相，這問題就在於，你已經為所尋找的事物下了定義且作了界定，但在此最重要的不是你追

❹瑪拉迪哈利大師（Malladihalli Swami, 1890-1996）：即印度卡納塔克邦（Karnataka）瑪拉迪哈利村的拉哈文達大師（Raghavendra Swami of Malladihalli），世人以其所在村落之名而稱呼他為「瑪拉迪哈利大師」。他是阿那塔・瑟瓦師拉瑪信託（Anatha Sevashrama Trust）的創辦人。他在世界各地教導瑜伽，參與人數超過四百五十萬人。

尋的對象，而是你觀看的能力。在今日的世界裡，人們已經喪失毫無動機地純粹觀看的能力，每個人都是心理學的怪物，都想要把「意義」指派到每件事物上。「尋求」不在於尋找某件事物，而是增強你的感知，增強你觀看的能力。

高中之後，我在邁索爾大學圖書館展開一個自學課程。每天上午九點，我第一個進入圖書館，到了晚上八點三十分，我是最後一個被趕出圖書館的人。在早餐和晚餐中間的這段時間，書籍是我唯一的食糧。雖然我總是飢腸轆轆，但我卻有整整一年的時間沒吃午餐。我廣為閱讀，從荷馬到《大眾機械》雜誌（*Popular Mechanics*），從卡夫卡到迦梨陀娑❺，從但丁到淘氣阿丹（Dennis the Menace）。經過這一年之後，我變得更博學多聞，但也比以前有更多的疑問。

我的母親展開淚眼攻勢，逼得我心不甘情不願地註冊入學，成為邁索爾大學英國文學系的學生。儘管如此，我仍然攜帶數十百億個問題，彷彿我的周圍時時刻刻都有一個陰暗的光環，不論是我的教授或圖書館，都無法加以驅散。再次地，我大多數的時間都待在教室外，而非教室裡。我發現，口授筆記是在教室裡發生的唯一一件事情，而我肯定不打算做一個速記打字員。我曾經要求一位講師給我她的筆記，這樣我就可以影印拷貝，也省下她口授、我上課的麻煩。最後，我和所有的老師達成協議（他們巴不得我不在課堂上），在每個月每一天的出缺勤紀錄表上，他們都會替我打上出勤的紀錄，而我則在每個月最後一天登記出缺勤時出現，確保他們遵守協議！

我們一群人開始在校園內的一棵大榕樹下集合，其中一個人把這個集會命名為

「榕樹社」（Banyan Tree Club），這很順耳中聽。這個社團有個座右銘：「享樂而為」。我們在榕樹下聚會，坐在摩托車上，花上數個小時談論各式各樣的主題，從如何把爪哇摩托車的速度加快，到如何使世界變得更美好。當然，我們從未自摩托車上下來過，如果下來的話，那簡直是一種褻瀆！

以生命為取向來過活

等我大學畢業時，我已經騎遍整個印度。最初，我騎著腳踏車行遍南印度，後來騎著摩托車穿梭整個印度，接著越過國境則是一件自然而然的事情。當我抵達印度和尼泊爾邊境時，邊防告訴我，光是登記註冊摩托車和駕照是不夠的，我還需要更多的文件。在此之後，賺取足夠的錢，騎摩托車行遍世界各地，則變成了我的夢想。這不只是流浪癖或旅行癖而已，真相其實是我坐立難安，我想要「知道」某件事情，我不知道那件事情是什麼，也不知道需要去哪裡找到它，但在我最祕密的深處，我知道自己想要更多。

我從不認為自己特別衝動，我只是以生命為取向。我估量行動的後果，它們愈危險，就會愈吸引我。有人曾經說，我的守護天使一定特好，而且老是加班！我總是渴望考驗界限，去跨越邊緣。對我而言，「什麼」和「為什麼」從來不是問題，「如何」才是唯一的問題。此時此刻回顧過往，我瞭解到，我從來沒有想過自己要成為什麼樣

❺迦梨陀娑（Kalidasa，約五世紀）：著名的梵文劇作家和詩人，他在梵文文學的地位有如莎士比亞在英文文學中的地位。其最著名的作品《沙恭達羅》（*Shakuntala*）於一七八九年譯成英文出版。

的人，我只想過要如何過生活。我知道，只有我和我的內心才能夠決定這個「如何」。

當時，家禽業繁榮且迅速地發展，我想要賺一點錢來資助自己無限制、無目的的旅遊欲望，因此投入了養殖家禽的行業。我的父親說：「你要我怎麼開口跟別人說這件事情？說我的兒子在養雞？」儘管如此，我隻身一人，從無到有地建造養雞場。養雞場的生意起飛，利潤開始滾進。每天早晨，我投入四小時的時間經營生意，其他時間則用來閱讀、寫詩、在井裡游泳、冥想，並且在一棵大榕樹上作白日夢。

成功讓我勇於冒險。我的父親總是哀嘆其他人的兒子都成了工程師、實業家，或服務公職、前往美國。我在每個地方所遇見的每一個人——朋友、親戚、老師——都說：「喔！我們都以為你會好好地把握人生，但你卻虛擲人生。」

我接受挑戰，和一個身為土木工程師的朋友合夥，進軍營造業。在五年內，我們成為一家主要的營建公司，躋身邁索爾市頂尖的私營營建商的行列。我的父親既不敢置信又興高采烈。

我意氣風發，胸有成竹，充滿激情，並且渴望挑戰。當你所做的每一件事情都功成名就時，你就會開始認為地球是繞著你旋轉，而非繞著太陽旋轉！

在一九八二年九月那個對未來影響重大的下午，我就是那樣的一個年輕人。當時，我決定坐上那台捷克生產製造的摩托車騎上查蒙迪山。

那時，我完全不知道自己的生命將永遠不再相同。

處於三摩地的狀態

後來，當我試著向朋友們談論那天在山上所發生的事情時，他們唯一能夠問的問題是：「你喝了什麼？你嗑了什麼藥嗎？」面對這個突然迸發進入我生命的新維度，他們甚至比我更摸不著頭腦。

甚至在我開始去消化它的意義之前，那個體驗又回來了。那是在事情發生一星期之後，我和家人一起坐在餐桌前。我以為那個體驗只維持兩分鐘，但它其實歷時七個小時。我坐在那裡，除了我所知道的那個「我」已經不再在那裡之外，我全然保持覺知，其他一切事物也都在那裡，而時間已然飛逝。

我記得不同的家庭成員輕拍我的肩膀，問我怎麼回事，敦促我吃晚餐。我只是抬起手，要他們走開。那時，他們已經習慣我的怪異行徑，所以就不再理我。當我回復到「正常的」意識狀態時，幾乎已是清晨四點十五分了。

那個體驗開始更頻繁地出現。當它發生時，我就會不吃不睡好幾個小時，而且紋風不動地坐在同一個地方。有一次，那個經驗持續了十三天之久。這個勢不可擋、無可形述的平靜和狂喜狀態展開時，我正置身於一個村落。村民們開始在我身邊聚集，彼此耳語：「喔，他一定是處於三摩地（samadhi。一種超越身體的喜悅狀態，詳載於印度的靈性傳統之中）。」印度這個國家對靈性有一種傳統且固有的瞭解，並且天生就繼承了這種瞭解，但我這個頭腦完全西化（blue denim-wrapped brain）的人對此則一無所知。當我從那個狀態出來時，有人想要把一個花環套在我身上，另一個人則想要碰觸我的雙腳。那太瘋狂了！我簡直不相信有人會想要對我獻花環和摸我的腳。

另一天，我正在吃午餐。我把一口食物放進嘴巴，突然之間，它分解了。在那個剎那，我能夠體驗到人類消化過程的奇妙變化；藉由這個過程，一個外在的物質——這個地球的一小片——變成了我的一部分。我們在智力（梵buddhi；intellect）上都瞭解這個道理，那就是地球的一部分滋養我們，而有朝一日，我們的身體也回去滋養這個曾經養育我們的星球。但是當我親身體驗了這個認知之後，它改變了「我是誰」的根本觀點。我和周遭一切事物之間的關係，包括我和這個地球的關係，都經歷了巨幅的轉變。

我愈來愈覺察到我們每個人所本具的非凡智力，能夠在一個下午之內，把一片麵包或一顆蘋果轉化成為人體，這可不是雕蟲小技！當我開始刻意地碰觸那種作為創造之源的智力時，看似費解、難以說明的事件開始在我身邊發生。我碰觸的事物在某些方面產生轉化，人們會注視著我，然後眼淚奪眶而出。許多人聲稱，光是注視著我，就能夠減輕他們肉體的病症和心理的痛苦。我發現，我可以在數小時之內治癒自己的病症；如果是透過一般的醫療管道，則要花上數個月的時間。然而，我並不怎麼在乎這一切。

擁有轉化外在和內在實相的能力

直到今天，我仍然一直擁有驟然轉化自己外在和內在實相的能力，而我從未刻意試圖去獲得這種能力。事實是，一旦人們接觸這種更深層次的智力——我們生存的根基，生命就自然而然地變得充滿神妙。

大約在六至八個星期之內，這種不可思議的體驗變成一種活生生的現實。在這段期間之內，關於我的一切都產生驟然且巨幅的變化。我的外表——眼睛的形狀、行走的方式、聲音和體態——開始產生大幅的變化，連周圍的人都注意到了。

我內在發生的一切甚至更為非凡。在六個星期之內，大量的記憶湧入我的腦海；確實而言，那是生生世世的記憶。我覺察到，在一個剎那之內，有一百萬件事情於我的內在發生，有如一個萬花筒。我符合邏輯的頭腦告訴我，這一切都不可能是真的。我於內在所看見的一切，比白晝時所見還要清晰，但我私底下卻希望這一切都是虛假的。我一向自認是個聰明的年輕人，但突然之間，我像是一竅不通的笨蛋。我極為困惑，無法接受，但我失望地發現，我的記憶告訴我的每一件事情都是真實的。

在此之前，我完全拒絕接受生命中任何不合理、不合邏輯的事物。我慢慢地開始瞭解到，生命即是終極的智力（the ultimate intelligence）。人類的智力僅僅是聰明機靈，能夠確保我們得以存活，但真正的智力卻是生命，而那即是生命之源，除此之外無他。

世人被教導，神性即是愛，神性即是慈悲，但如果你注意到造物，你就會瞭解，神性或創造之源是你所能想像的最高深智力。這種全能的智力在每個人之內規律地跳動著，我們非但沒有嘗試去開發它，反而選擇去使用合乎邏輯的智識。在某些情況下，這種智識是有用的，但在本質上，它卻是有限的。

我體會他人感受的敏銳度也開始增強。有時，光是在街上看到一個處於悲傷狀態的陌生人，就會令我流淚哭泣。我無法置信，在我無緣無故就突然欣喜若狂時，人類卻可以忍受那樣悲慘痛苦之境。

經過一段時間之後，我才瞭解到，發生在我身上的這一切是「靈性的」體驗。我開始瞭解到，我擁有宗教傳統和經文所讚揚的「終極的體驗」（ultimate experience），而且我正在體驗的一切，事實上是能夠發生在一個人身上的最美妙事物。

我體內的每個細胞時時刻刻都充滿無可名狀的狂喜。人們之所以讚美頌揚童年，那是因為孩子可以毫無理由地開懷大笑，欣喜愉快。但我也見識到，成年人也有可能欣喜若狂，飄飄欲仙。每個人都有此一可能性，因為我們所能夠體驗的一切，都發乎於我們的內在。

我開始瞭解到，我的外表之所以產生轉化，事實上是我的整個內在體質構造重新調整排列之故。從十二歲開始，我就一直在練習一套基本的瑜伽體位，或稱為「哈達瑜伽」（hatha yoga），而且在練習了大約十三年之後，終於在此時開花結果。基本上，瑜伽是重新創造身體的一種方式，使其能夠達成更為崇高的目的。人身可以發揮血肉之軀的功能，或成為創造之源。

與所有生命合一的體驗即是瑜伽

有一整套技巧可以把人轉化為聖。人類的脊椎不只是一堆排列得很糟糕的骨頭，它是整個宇宙的軸心，而它也取決於你如何重組自己的身體。就我而言，我原本是個身體緊繃的人，後來學習去表達呈現我的身體，彷彿它完全不在那裡一般，我的身體因而變得非常放鬆。以前，我的身體包含了所有的緊繃和強度，如果我進入一個房間，人們可以感覺到它，因為它意味著「行動」。現在，我學習以不同的方式來攜帶身體。

正是這時，我瞭解到自己擁有的這個體驗，即是真正的瑜伽。這個無邊無際、與存在結合、與所有的生命合一的體驗，即是瑜伽。一直以來，我為了健身而每天練習這套簡單的瑜伽體位（asanas），但是在經過了查蒙迪山的體驗之後，我才瞭解到，我過去一直在做的瑜伽，事實上是一個過程，可以把我送到一個遠遠超越物質的層面。這是為什麼我要告訴人們：即使你們是因為誤打誤撞而進入瑜伽這個領域，它仍然會發揮作用！

每個人的內心都不喜歡界限和藩籬，都渴望成為無窮無限，人性本就如此，因此我們總是渴望超越現狀。不論有多大的成就，我們仍然想要超越，想要更多。如果仔細加以審視，就會瞭解到，我們不是在渴望更多，而是在渴望全然。人人都想要成為無限，唯一的問題在於，我們是以「分期付款」的方式來尋求它。

想像你被關在一個五立方英尺的空間裡，不論它有多麼舒適，你都會渴望從中解脫。隔天，如果你被放進十立方英尺的較大空間裡，你可能會有一陣子覺得很棒，但是很快地，你又會生起突破藩籬的相同渴望。不論我們設定的界限有多大，在意識到這個界限的那一刻，突破藩籬的渴望又會出於本能地生起。東方文化一直把這種渴望視為所有人類活動和探索的最高目標，「自由」被視為每個人類的本然渴望和終極的目的地。只因為我們尚未意識到它，所以才以「分期付款」的方式去實現它，不論是透過權勢、金錢、愛或知識來取得，或透過今日最妙的消遣活動——購物血拼——來取得它！

人類所渴求冀望的不是任何特定的事物，而是無窮無限地擴展，在我產生這種了悟的剎那，一種特定的清晰感在我內心生起。當我看清每個人都具備此一能力時，我自然而然地想要分享它。從那時起，我的整個目標一直都是在把這個體驗傳染給其他人，使他們覺醒並認清這個事實——除非他們力圖阻礙生命的本然活力，否則他們無法否認這種喜悅、自在和無窮無限的狀態。

從登上查蒙迪山的那個下午以來，這個狂喜的幸福狀態一直都屬於我，它既不是遙不可及的可能性，也非一場白日夢。對於那些欣然樂意的人而言，它是一個活生生的實相，是每個人與生俱來的權利。

第二章

轉心向內即是出路

2

截至目前為止，你生命中的所作所為，都在追求一件單一的事物。不論你追求的是職業、創業、賺錢或成家立業，這全都是因為你想要擁有一個簡單的事物——喜悅。

但在這條路上行至某處，生命卻變得錯綜複雜。

擁有舒適環境的我們並不快樂

如果你生為地球上的其他生物，事情就會非常簡單，你的需求將只會是物質的，肚腸飽足等同於美好的一天。看看你的狗或貓，在吃飽的那一刻，牠們相當平靜。

但是當你以人的姿態來到這個世界時，事情就產生了變化。肚腸空空是一個問題——飢餓，但肚腸飽足呢？則是一百個問題！當「存活」是個疑問時，那是一個生活的大議題，但在這個問題被解決的那一刻，它似乎就失去了意義。就人類而言，生命似乎不是止於存活，而是始於存活。

在今日，我們這個世代的存活過程，比之前世代的人有更周全的規畫。你可以上超級市場去購買一整年所需的物資，甚至足不出戶就可以完成這個任務！這是人類歷史上前所未有的事情。在一百年前連皇室都負擔不起的事物，現在一般平民百姓都可以隨意取得。我們是居住在這個星球上最舒適愜意的世代，但問題在於，我們肯定不是最喜樂、最慈愛或最平和的世代。

為什麼會如此？我們一直竭盡所能地去整頓外在的環境，但如果再整頓下去，地球就會蕩然無存！相較於一千年前的祖先，我們仍然沒有比較快樂。如果此舉行不通，就該去看看哪裡出了差錯。我們怎麼能夠繼續去做一千年以來都不管用的事情？這些藍圖和計畫顯然並未實現它們的承諾，我們還要容忍多久？

現在該是轉換模式的時機。

「愉悅」必須是你內在的基本特質

讓我們先提出一個問題：「我們所認為的幸福狀態是什麼？」

答案非常簡單，「幸福」只是一種內在愉悅的深刻感受。如果你的身體感覺舒服，我們稱之為「健康」；如果它感覺非常舒服，我們稱之為「愉快」。如果你的頭腦感覺愉悅，我們稱之為「平靜」；如果它感覺非常愉悅，我們稱之為「喜悅」。如果你的情感變得愉悅，我們稱之為「愛」；如果它們變得非常愉悅，我們稱之為「慈悲」。如果你的生命能量變得愉悅，我們稱之為「極樂」；如果它變得非常愉悅，我們稱之為「狂喜」。這即是你正在尋求的一切——裡裡外外的愉悅。當內在愉悅時，它稱為「平靜」、「喜悅」和「快樂」；當你的周遭環境變得愉悅宜人時，它被稱為「成功」。如果你對這些都不感興趣，並且想要上天堂，那麼你是在追尋什麼？超脫塵世的成就！因此在本質上，人類所有的體驗都只是程度不一的愉悅和不快的問題而已。

在你的一生當中，有多少次一整天過得充滿喜樂，而沒有一刻的焦慮、躁動、惱怒或緊張？有多少次你一整天都處於全然絕對的愉悅當中？你上一次有這種體驗是在什麼時候？

令人驚奇的是，這個地球上的大多數人，沒有一天是如願以償、心想事成的。當然，每個人都曾經體驗過喜悅、平靜，甚至極樂的狀態，但它總是稍縱即逝，無法維持，雖然人們有辦法獲得這種體驗，但它卻一直在瓦解之中。它的瓦解並不需要發生什麼石破天驚的事，僅僅最單純的事就會使人們亂了陣腳而不知所措。

它就像是你今天出門，有人說你是世界上最美的人，你因此而飄飄欲仙，樂不可支。但是當你回到家，家人對你口吐真言而指出真相時，一切都粉碎了！

聽起來耳熟嗎？

為什麼你的內心必須是愉悅的？答案不證自明。當你的內在處於愉悅的狀態時，你自然會親切可人地對待周遭所有的人和事物，而不需要哲理或經文來告訴自己要善待他人。當你的內心感覺美好時，就會自然而然地產生這個結果。內在的愉悅肯定是萬無一失的保險，可以創造平靜祥和的社會和充滿喜悅的世界。

除此之外，你在這個世界上的成就，基本上取決於你駕馭身體和頭腦的嫻熟程度。因此，為了獲得成就，「愉悅」必須是你內在的基本特質。最重要的是，今日醫學和科學已經充分證實，當你處於愉悅的狀態時，你的身體和頭腦便能發揮最佳的功能。據說，如果你能夠保持極樂狀態廿四個小時，便能夠展現幾乎雙倍的智力。而光是安頓內在的混亂，讓清晰感浮現，就能夠達成這個目標。

你把這個相同的生命能量稱為「我自己」（myself），而這個生命能量有時非常快樂，有時痛苦悲慘，有時平靜，有時一片混亂；這相同的生命能量能夠處於所有這些狀態之中。因此，如果你能夠選擇自己的生命能量應該以何種方式呈現，你會做出什麼抉擇？喜悅或痛苦？愉悅或不快？

其展現的方式可能會因人而異，但答案卻顯而易見，不證自明。不論你是在努力賺錢、酗酒或想要上天堂，「愉悅」都是唯一的目標。即使你說你對這個世界不感興趣，上天堂是今生的唯一任務，你仍然是在尋找愉悅。如果打從你小時候開始，人們就告訴你上帝住在天堂，但天堂是一個糟糕透頂的地方，你還會想去那裡嗎？肯定不會！在本質上，最高層次的愉悅即是天堂，不快則是地獄。因此，有些人認為，愉悅是在美酒裡，其他人則認為它是在神性裡，但愉悅卻是每個人都在追尋的事物。

橫阻在你和幸福之間的，只有這個簡單的事實——你讓念頭和情緒依照外在的指示而行，而非採用來自內在的指示。

腦袋裡發生的一切都是「你的」夢

有一天，一位女士就寢。在睡眠中，她做了一個夢。她看見一個健壯迷人的男子緊緊盯著她看，然後，那個男子開始走近她，愈來愈近，愈來愈近。

他是那麼地靠近她，她甚至可以感覺到他的氣息。

她開始顫抖——不是出於恐懼。

接著她問：「你要對我做什麼？」

那男子說：「嗯，女士，這是『妳的』夢！」

在你腦袋裡發生的一切，都是「你的」夢。你的夢至少應該要按照你希望的方式上演，不是嗎？即便這個世界發生的一切並未如你所願，至少你的念頭和情緒應該依照你的意願而行。現在它們沒有依令行事，那是因為你沒有小心處理整個人類的機制。

人類機制是地球上最精密的物質形式，而你是最勝妙的一項技術，但問題在於，你不知道鍵盤在哪裡。這彷彿你在用一個鶴嘴鋤和扳手來處理一台超級電腦！這樣的結果是，單純的生命過程對人類造成了嚴重的影響。人類要謀生糊口、繁殖生育、撫養家庭，然後有一天就掛了，這是多大的挑戰呀！人們如此奮力掙扎、汲汲營營，只是為了去做每一條蟲、每一隻昆蟲、鳥禽和走獸幾乎不費任何力氣就可以完成的事，這多麼令人感到驚奇！

簡而言之，我們內在的生態一塌糊塗。我們總是沒來由地認為，整頓外在將會使內在的一切湊合得過去。但是過去這一百五十年已經證明，科技只會帶來便利舒適，而不會帶來幸福。我們需要瞭解，除非我們做正確的事，否則正確的事將不會在我們身上降臨。這不僅對外在世界而言是千真萬確的，對於內在世界也是如此。

保持內在生活不受外在情境的奴役

有一天，一頭公牛和一隻雉雞在田野上吃草。公牛吃草，雉雞則去除公牛身上的蝨子，多麼完美的搭檔！雉雞看著田野邊緣的一棵大樹說：「哎！我以前能夠飛上樹頂，但現在我的翅膀甚至連飛上最低的樹枝的力氣都沒有了。」

公牛若無其事地說：「每天吃一點我的糞便試試看，在兩個星期之內，你就能夠飛上樹頂了。」

雉雞說：「喔，少來了，這簡直是胡說八道！」

公牛說：「你就試試看，所有的人類都知道它（牛糞）的好處。」

雉雞非常猶豫地開始啄食牛糞。瞧，在第一天，雉雞就飛上了最低的樹枝。在兩個星期內，牠飛上樹頂。牠坐在那裡，開始享受風景。

老農夫坐在搖椅上，看見一隻肥肥胖胖的老雉雞坐在樹頂上。他拿出獵槍，射下雉雞。

這個故事的寓意是，胡說八道（bullshit）❻或許可以讓你登峰造極，卻永遠無法讓你留在那裡！

因此，你大可以胡說八道，把自己哄騙進入各種情緒狀態，提升自己的幸福，但問題在於，它無法長久，天氣可以使它垮台，股市可以使它崩潰。即便它沒有崩潰瓦解，但活在它可能會瓦解的預期之中，就已經夠糟糕的了！有一天它將破碎瓦解，這種可能性簡直是一種折磨和煎熬，常常比真正的災難更加糟糕。因此，只要你的內在生活受到外在情境的奴役，它將保持一種危險且不穩定的狀況，除此之外無他。

你於內在看見整個世界

那麼，擺脫困境的辦法是什麼？

這個辦法非常簡單，就是改變方向。你只需要去看見，你的內在即是體驗的來源和基礎。人類的體驗可能會受到外在情境的刺激或催化，但它卻源於內在。痛苦或歡樂、喜悅或悲慘、極苦或極樂，都只發生在你的內心。人類愚蠢之處在於，人們總是試圖從外界汲取喜悅。你可能會把外界當作一個刺激或觸發，但真實的事物永遠來自於內在。

此時此刻，你手中捧著一本書。你在哪裡看見這本書？用你的手指指出你在哪裡

❻在此，作者一語雙關，「bull」是公牛，「bullshit」一詞有「屁話」和「牛糞」之意。

看到它。你覺得書的影像是在你之外嗎？

請再想想看。

你記得它是怎麼運作的嗎？光線落在書上，反射進入眼睛的水晶體，並且以一個上下顛倒、左右相反的影像投射在你的視網膜上——你知道這整個過程。因此，實際上你是在你的內在看見這本書。

你在哪裡看見這整個世界？

同樣地，在你的內在。

人類所有的體驗百分之百都是自創的

你所面臨、體驗的一切，都在你的內心。明亮和黑暗、痛苦和歡樂、極苦和極樂，都發生在你的內心。如果現在有人碰觸你的手，你可能會認為自己正在感覺他們的手，但事實上，你只是在體驗自己的手被碰觸所產生的感覺，整個體驗都包含於內在。人類所有的體驗百分之百都是自創的。

如果念頭和情緒是你創造的產物，你就可以隨心所欲地加以形塑。今日的科學已經證明，在沒有攝取一滴酒精或任何其他物質的情況下，你可以讓自己徹底地陶醉，忘乎所以。拉斐爾·麥卓蘭姆（Raphael Mechoulam）是一位以色列籍的有機化學家，他和研究團隊發起一項研究計畫，把人體內的「極樂分子」（bliss molecule）分離出來。以一般的用語來說，他們發現人腦具有天然的大麻感受器。為何如此？他們發現，這純粹是因為身體能夠自行製造「毒品」，自行製造喜樂，而不需要外在的刺激，並且不會「宿醉」！這是為什麼諸如酒精和消遣性毒品等化學物質是危險的，因為它們會降低覺知力，損害健康，使你上癮，進而毀了你。但身體製造和消耗的「極樂」毒品（bliss narcotic），卻對你的健康和幸福造成巨大的影響！這意味著人體絕妙地自給自足。最近科學家們也發現其他類似的化學物質，但是這個特定的化學物質已被命名為「內源性大麻素」（anandamide）；這個名稱是以梵語「ananda」為基礎，它即意指「極樂」。我們可以由此推斷，「快樂」是一種特定的化學狀態，「平靜」則是另一種化學狀態。事實上，我們所體驗的每一種愉悅，不論是平靜、喜悅或狂喜，都是一種化學狀態。瑜伽系統一直都知道這一點。

有一種技術可以製造內在的幸福，為充滿極樂的生命和存在創造一個化學基礎。這就是我所謂的「內在工程」（Inner Engineering）的一個層面。如果你是覺知的，你可以啟動身體，使單純的呼吸都變成一種巨大的愉悅。若要達到此一境界，你唯一需要的，即是願意把一點注意力放於內在機制之上。

這種瞭解是一種必要且基本的轉變。不要去尋找擺脫悲慘不幸之道，不要去尋找擺脫痛苦之道；「內在」是唯一的出路。

平靜和喜悅不是靈性生活的目標

大多數的人都認為，平靜和喜悅是靈性生活的目標，這是一種謬見。其實，平靜和喜悅是幸福生活的基本要件。如果你今晚想要享用晚餐，你必須平靜、快樂。如果你想要享受與家人共處的時光，享受你的工作和你所居住的世界，你就必須平靜、快樂。平靜和喜悅不是你在生命盡頭所獲得的事物，而是生命的基礎。如果你認為平靜是最終的目標，那麼你將只會「安息」（rest in peace）！

「靈性」一詞是地球上最墮落敗壞的字眼之一，切勿為了平靜而走上靈性的道路。大多數人欠缺平靜，因而把「平靜」視為最終的志向和目標。數年前，我在以色列的特拉維夫（Tel Aviv），人們告訴我，「平安」❼是與人打招呼的最崇高形式。我問：「為什麼？」「因為它代表平靜。」人們如是告訴我。我說：「除非你置身中東，否則平靜為什麼會是最高的志向和目標？」

如果你在一座沙漠島嶼上，斷糧十天，上帝突然出現在你面前，你會希望祂顯現為一道明亮的光芒或一條麵包？在印度，某些社群把食物當作神來崇拜，因為他們長久以來一直欠缺食物。在美國加州，「愛」即是上帝！不論你覺得自己欠缺什麼，你所匱乏的事物看起來都像是最崇高的志向和目標。我們要記得的是，這些事物都不會使你長久地安頓下來。人類的生命渴望無限地擴展，而「無限擴展」是唯一一件能夠使我們長久安頓下來的事物。

「靈性的追求」不是一個培養出來的選擇，也不是一種誘導出來的追尋。它是一種本然的渴望，但除非你刻意地處理它，否則它將不會開花結果。在你能夠毫不費力地處於平靜、極樂和喜悅的狀態時，你自然而然地就會開始追尋，想要了知生命的本質。在這個地球上，只有在人們得知如何藉由自己的本質來達到狂喜的地方，神祕主義才得以在該處逐漸發展演進。這是因為唯有在你充滿喜樂時，你才會擁有最高的感受性，並且真正地願意去探索生命的每個面向。若非如此，你將沒有那個膽量，因為如果使自己保持愉悅已經是一大挑戰，那麼面對其他挑戰就更不用說了。

曾經，有一位住在路易斯安那州的八十五歲老翁去釣魚，在他打算收工打道回府之際，捕到一隻青蛙。當他要把青蛙釋放回沼澤時，青蛙開口說話了。「給我一個熱情的吻，」牠說，「我就會變成一個年輕貌美的女子。」

老人審視青蛙很長一段時間，青蛙引頸期盼地噘起嘴唇，然後老人把青蛙放進魚簍裡。

青蛙尖叫：「你沒聽到我說的話嗎？只要親我一下，我就會變成一個年輕貌美的女子！」

老人說：「我這把年紀，無福消受一個年輕貌美的女子。如果親你可以把我變成一個英俊瀟灑的王子，那就另當別論。但是一隻會說話的青蛙！我可要發財了！」

出於無能所作的抉擇，不是生命的解決方案。沒有能力去做一個充滿喜悅的人，會使最單純的生命議題看起來像是高度錯綜複雜的難題。現在，「做一個平靜且喜悅

❼「shalom」是猶太人問候或告別時的用語，意指「您好」、「平安」或「再見」。

的人」變成人類最重大的問題。在追求快樂的同時，我們正把地球撕得支離破碎。

諸如平靜、喜悅、慈愛這種單純的事情之所以變成最終的志向和熱望，那是因為人們雖然活著，卻未注意到生命的過程。當大多數人說「生活」時，他們指的是生活的附屬品——工作、家庭、人際關係、住所、開的車子、穿的衣服，或他們祈禱的上帝。他們所錯過的是「生命」——生命過程本身，而那實質的生命就是你。在你犯下把「不是你」的某件事物認同為「你」的這個根本錯誤時，生命就變成一種不必要的掙扎。平靜和喜樂的基礎不在於處理生命的外在現實，而是在於接近和安排生命的內在本質。

拋棄感覺的界限，視人如己

你只能夠體驗在你的感受範圍內的事物，但如果你拋棄感覺的界限，擴展感覺的範圍，你就能夠坐在這裡，對人感同身受，視人如己。你可以把它進一步地延展，並且如同體驗自己的身體那般體驗宇宙。

當我體驗到這種包容性時，我瞭解到，做一個慈悲的人並非只是一種想法，「感同身受」也不是某個深奧難解的原則，這些都是人類的天性。如果你不去認同自己花時間所累積建立的任何事情（包括身體和頭腦），你將能夠體驗此一包容性。

「覺悟」不是一種造詣或成就，而是一種回歸。感官讓你覺得自己是在體驗外界，但你從未體驗外界。當你瞭解到，你所體驗的一切都源自內在，那麼，覺悟即是最終的回歸。

我窮極一生，致力於改變和發展出一些方法，使人們能夠體驗這種包容性。如果我們真的必須創造利於所有人的解決方案，那麼，人類就都必須體驗這種絕對的包容性，而這是有可能達到的。每個人之所以未能自然地覺悟，原因很簡單，那就是人們把世界區分為善和惡、神和魔、高和低、神聖和污穢、淨和不淨、天堂和地獄，這些全都是永遠不會相遇的平行線。

一旦這個內在的生命破碎斷裂之後，你就無法達到長久幸福和自由的狀態。人們一直說，你要去愛你的敵人，但如果你先把某人貼上「敵人」的標籤，然後再試著去愛他（她），那會是一種折磨！一旦創造了這種分別，就無法達到絕對包容的狀態。

人們已經無法作出根本的區別，而這是問題所在。人們無法區分內在和外在，無法區別他們的生活方式以及跟外在世界交易互動的方式。這種交易互動根據情況或人際關係的本質而有所不同，不論親疏遠近的程度，交易互動總是受到法律或規範的控制。

我們的本然狀態即是「無界合一」

就內在本質而言，「無界合一」（borderless unity）是唯一的統御原則。我們的有形物質世界和社交世界都受到「界限」的管理和統治，但內在世界則不需要這些東西。為了達到本然狀態——「無界合一」的狂喜，你們唯一需要做的是，不論是否有外在的刺激作為支持，都依照「所有人類的體驗都源自內在」的準則來過生活，就是如此。如果你把這個準則完全奠基於內在，你交易互動的結果就不再會是沈重的。

這是什麼意思？人們常常問我：「這對身為瑜伽士的你來說或許是有可能的，但我們這些活在『真實世界』的人怎麼能夠使互動不產生摩擦？」我提醒他們，我不是住在洞穴裡，我也帶領人們，並且和一百多萬名志工一起在世界各地服務。這表示，這些志工通常不具備從事義務工作所需的訓練，而且你不能開除他們！你知道管理這種情況有多麼困難嗎？含蓄地說，我的生命應該是最沈重的！但你不會看到我緊張焦慮，因為我的生活方式完全不受到外在發生的一切所奴役。這不是一種超脫塵世的成就，每個人都可能以這種方式過活。

如果你仍然相信，「上面那裡」有一個人將會解救你，解決你所有的問題，那麼只要記得，你居住在一個圓圓的且不斷轉動的星球上，每當你往上看，你顯然都看錯方向！在這個廣大浩瀚、不斷擴展的宇宙中，什麼是「上」，什麼是「下」？你毫無頭緒。在宇宙中，沒有地方標示「此為上側」！你現在所知道的唯一區別是「內」和「外」（但是對瑜伽士而言，甚至連這個區別都消失了）。

「內在」是唯一的出路

數千年以前，一位瑜伽士出現在喜馬拉雅山的高處，他即是為人所知的「阿底瑜吉」（Adiyogi，意指「第一位瑜伽士」）。他把瑜伽這門科學遺贈給七位弟子，之後這七位弟子則把瑜伽傳揚世界各地。他傳授給這些弟子的是一套自我探索、轉化且深奧得難以想像的系統，這套系統奠基在以下的大膽假設之上——人類有可能刻意地演進。不像生物進化，我們沒有刻意地參與，它就發生了，但靈性的演進卻可以刻意地發生。第一位瑜伽士告訴我們，它唯一需要的是「意願」。

如果我們要把他的智慧精華提煉成為幾句話，就只會是這個——上下、好壞、凡聖，這些都是臆斷假設，但內在和外在卻是我們確定的背景脈絡，是我們可以與其共事的背景脈絡。這是第一位瑜伽士對人類所作的最大貢獻，它既甚深又歷久彌新：「『內在』是唯一的出路。」

曾經，有人在南印度尋找艾薩瑜伽中心（Isha Yoga Center）。他來到一個鄰近的村莊，詢問當地一個男孩：「艾薩瑜伽中心有多遠？」

男孩搔了搔他的頭，然後說：「兩萬四千九百九十六英里。」

男人驚呆了！「什麼？這麼遠？」

男孩說：「是呀！如果朝你走的方向是那麼遠，但如果你轉身，就只有四英里。」

如果你往外走，那是一段永無止境的旅程；如果你轉身向內，它只是一剎那。

在那個剎那，一切都改變了。在那個剎那，你不再追求喜悅。相反地，你的生命成為喜悅的展現。

第三章

規畫你的命運

3

貼上「命運」的標籤，會讓人失去力量

我曾經參與一場國際會議，探討如何紓解地球上的貧困問題。在與會者當中，不乏擔負社會責任的知名人士，其中包括多位諾貝爾獎得主。

在某個時候，一位與會者說：「為什麼我們要試圖解決這些問題？難道這不全都是天意？」

於是我說：「是的，如果其他人餓得奄奄一息或整天飢腸轆轆，那麼，它一定是天意，但如果是你食不果腹或你的孩子瀕臨餓死，你就會擬出計畫，不是嗎？」

每當我們必須為自己的人生做點事情時，我們就會親自處理。每當面對不幸的是別人時，我們就會以「命運」這個詞來解釋。

這是多麼方便好用的一個詞彙呀！「命運」已經成為一個普遍流行的代罪羔羊，一種處理失敗的方式，一種讓自己接受各種令人不自在情況的宿命論花招。但是，「轉向內在」則是讓我們從消極轉變為積極活躍，從一個受害者轉變成為掌握自身命

運之主人的第一步。

在一百年前，人們仍然相信各種疾病是出自「神的旨意」，而在今日，我們已經能控制這些疾病。這是我們已經掌控某些情況的緣故，小兒痲痹症即是一例。在近代的人類歷史上，「小兒痲痹症」這個詞彙會使許多人心驚肉跳，驚恐萬狀。在成長的過程中，我在學校和街坊看見相當多年紀相仿的人罹患小兒痲痹症，他們注定一輩子要坐輪椅。這是常見的現象，也是公認的事實——他們一輩子都無法走路，而他們的痛苦常常被視為是神的旨意或命運。

在二十世紀初的工業化國家中，小兒痲痹症是最令人恐懼的疾病，無可逆轉地癱瘓了數千名孩童。到了一九五〇和六〇年代，有效的疫苗幾乎根除了這個疾病。當人們認識到，小兒痲痹症是開發中國家的重大問題時，於是引進「免疫接種」的程序。光是在一九八八年這一年，全世界有三十五萬名孩童罹患小兒痲痹症；二〇一三年，病童數量已經降到四一六人，印度於二〇一二年已經從小兒痲痹症流行猖獗的國家名單上除名。在政治宣導、政府與民間合作、全球醫療團隊的組合之下，證明了儘管面對所有的障礙，即使在如印度這般幅員遼闊、具挑戰性的國家，教育都是有可能的。

「身而為人」意指你可以把生活情況形塑成為自己想要的樣子，但是在今日的世界，大多數人都被生活情境所形塑，這純粹是因為他們對其置身的情境生起反應的緣故。不可避免的問題是：「為什麼我身處這種情境？難道它不是我的命運嗎？」在我們面對自己不想要負責、在邏輯上不合情理的事情時，我們就把它貼上「命運」的標籤。這是一個令人感到安慰的字眼，卻也使人失去力量。

你所累積的事物永遠不會是「你」

為了能夠隨心所欲地形塑情境，你必須先明白「我是誰」。事情的癥結在於，你還不知道「我是誰」。「我是誰」並不是你所累積建立之事物的總合。你目前所認為是「我」的每件事物，都只是一種累積，你的身體是食物的累積，頭腦只是透過五種感官所聚集之印記的累積。你所累積的事物可以是「你的」，但它永遠不會是「你」。

那麼，你是誰？「你是誰」尚未成為你的體驗，而且仍然處於一種無意識的狀態。你正在試圖透過你所聚集的事物來過生活，而非透過「你是誰」來過活。再者，你甚至不是百分之百地意識到自己所積聚的事物！

多年來，取決於你所累積的印記，你養成了特定的習性，而這些習性可以完全地被轉化。如果你從事特定數量的內在功課，運用某些內在技巧，同時不顧自己目前的習性、過去的生活體驗、遺傳和環境，你可以在很短的時間內達成轉化！

在這個生命當中，每件事物都自然而然地按照特定的有機法則而發生。如果你知道自己內在的生命本質，就能夠徹底地掌控它發生的方式，並且在自然法則所設定的範圍內發生。這是什麼意思？讓我們檢視一個具體的例子。雖然我們是沒有翅膀的生物，卻在過去一百年內找到飛翔於天空的方法。這是怎麼辦到的？不是透過違背自然法則，而是更深刻地瞭解自然法則。因此，本書要探討的技術，是一個更深奧之科學的一小部分，而它最終能夠使精通此一技術的行家掌控生死的過程。

你不知不覺地書寫著自己的命運。如果你已經掌控身體，就等於已經掌控了自己生命和命運的百分之十五至二十。如果你已經掌控生命能量，那麼你將會百分之百地掌握自己的生命和命運。

即便你正在選擇自己的人生，你卻完全地了無覺察。但是，你在不知不覺的情況下所做的任何事情，你也能夠有所覺知地從事。這兩者之間有天壤之別，而其中的差異即是無明和覺悟。

「不快」正以瞋怒、恐懼、焦慮和壓力的形式降臨在你身上，這是因為你的基本官能——身體、頭腦和生命能量——正在各自為政。當身體和頭腦的存在僅僅是為了服務你內在的生命時，為什麼你的生命卻受到它們的奴役？這不是完全扭曲了生命應有的運作方式嗎？

「掌握命運」不表示一切都會順心如意。外在世界永遠不會百分之百地讓你稱心如意，因為其中有太多的變數。希望外界完全按照你選擇的方式運作，那就是一條征服、專制和獨裁的道路。

你是那個唯一需要整頓的人

有一次，皮萊（他是一位南印度的紳士，我們在〈導言〉裡初遇皮萊，之後還會多次相遇）和哥兒們一起去喝酒。他心想，他就很快地喝幾杯，然後在八點鐘回家。於是他按照計畫行事，很快地喝了幾杯，接著又很快地喝了幾杯，然後又很快地喝了幾杯。接著，再很快地喝了幾杯。當他看手錶時，已經是凌晨兩點三十分（酒讓人們變得像瑜伽士般不受時間影響）。他從吧台前的高腳椅上起身，這個世界是多麼地不公平呀！竟然期待人們可以走在一顆不停旋轉的圓形星球上。他運用高超的技巧和敏捷的身手平衡自己，開始踏上回家的路。

他走捷徑穿過公園，結果一頭栽進玫瑰花叢裡，他的臉被棘刺刮得一塌糊塗。他打起精神、集中全力，再度往回家的路上前進。他就這麼地回到家門口，並且試圖尋找鑰匙孔。這年頭，人們把這些可惡的鑰匙孔做得這麼小！這又花了他二十分鐘。

他終於跌跌撞撞、踉踉蹌蹌地走進臥房。幸運的是，他的老婆睡得很沉。他走進浴室，看著鏡中的自己，臉真的是弄得一團糟。他打開藥櫃，拿出一些藥和一盒OK繃，盡可能地收拾自己一下，然後靜悄悄地爬上床。

隔天早晨，他的老婆朝他的臉上潑了一盆冷水。

他因透不過氣而醒來，彷彿自己坐在水凳上受刑那般。他說：「為什麼？為什麼？今天是星期天！」

她說：「你這個笨蛋！又喝酒了？」

「親愛的！我沒有，我六個月以前就答應你了，從那時開始，我一直滴酒未沾。」

她揪住他的襯衫，拖著他到浴室。他看到浴室的鏡子上貼滿了ＯＫ繃！

當痛苦、悲慘不幸或瞋怒降臨時，應該往內注視而非環顧四周。為了獲得幸福，你是那個唯一需要整頓的人。你忘記生病時，自己才是那個需要服藥的人；飢餓時，你是那個需要食物的人。你是那個唯一需要整頓的人，而人們需要花上生生世世的時間，才會瞭解這個簡單的事實！

創造自己的命運，並不表示你必須控制世界上的每個情況。創造命運的意義是，不論你周遭的生活內容是什麼，都要穩健地朝你的幸福和終極本質前進。它純粹是指造就自己，使得你不論被何種事件和情境包圍，都不被它們壓垮，反而克服、駕馭它們。

靈性修行不在於把你的想法強加在「生命」之上，而在於造就自己，使得造物和造物主，以及在這個生命中的每一個原子，都不得不順從於你。當你追求個人的好惡時，你會在這個廣大浩瀚的生命中感到孤單，時時都覺得不安全而無保障、不穩定且面臨心理的挑戰。但一旦這生命順從於你，它就會把你送到一個優雅且充滿恩典的不同處所，在那裡，每一粒卵石、每一顆岩石、每一棵樹木、每一個原子，都用你瞭解的語言對你說話。在每個剎那，都有一百萬個奇蹟在你身邊發生——花朵熱情綻放、鳥兒啁啾鳴唱、蜜蜂嗡嗡作響、雨滴翩然落下，以及雪花在傍晚的清朗空氣中飄盪，處處皆神奇。如果你學習如何享受它，生命簡直日日都是奇蹟。

做正確的事，你將掌握自己的命運

不論你是誰，除非你做正確的事情，否則生命不會為你效力。你可能認為自己是個好人，但如果你不灌溉花園，它會開花嗎？如果你想要有成果，就必須做正確的事情。基本上，好壞的評斷都是人類和社會所形成的條件和習慣，這些評斷作為社會規範時，都是合於時宜的，但生命卻和這些結論無關。生命不會動不動就妄加批評，它對所有的人都一視同仁。

在密西根州的一個冬日早晨，一個老人到冰上釣魚，時值上午十點。他在冰上切出一個小洞，坐下來，身邊放了一箱啤酒。釣魚不只是「捕獲」，也是在比耐性，他明白這一點。他放進釣線，一瓶接一瓶地將啤酒喝光了，但魚簍仍然是空的。

長日將盡，傍晚四點，他的魚簍仍然是空的，那箱啤酒也空了。

一個年輕男孩走過來，帶著一只大型手提收錄音機，播放震耳欲聾的重金屬音樂。他在附近的冰上切了一個洞，坐下來釣魚，刺耳的音樂仍然播放著。

老人瞥了男孩一眼，毫不掩飾他的鄙視之情。「從早上開始，我就一直安安靜靜地坐在這裡，連一條魚都沒釣到，而那個笨蛋竟然以為他可以在傍晚四點，把音樂開得轟天作響時釣到魚！沒見過像這種年輕的笨蛋！」

令老人驚愕的是，在十分鐘之內，那個年輕人就釣上一條大鱒魚！老人繼續釣魚，心想他只是運氣好。十分鐘之後，男孩又釣到一條大鱒魚。

現在，老人再也無法坐視不理，他目瞪口呆地盯著男孩。就在這時，男孩又釣到一條大鱒魚，老人完全無法置信。

老人放下自尊心，慢慢地走向男孩。「你的祕訣是什麼？」他問，「我已經坐在那裡一整天了，魚簍還是空的。你卻釣到三條大鱒魚，到底是怎麼回事？」

男孩邊咀嚼食物邊說：「乙誒盎惡耶歐乙襖直恩晚。」

老人把手放到耳邊問：「什麼？」

男孩把收錄音機的聲音轉小，然後說：「乙誒盎惡耶歐乙襖直恩晚。」

老人困惑茫然。「你說的話我一個字也聽不懂。」

男孩把一團黏稠的東西吐在手上，然後說：「你得讓這些蚯蚓保持溫暖。」

除非你做正確的事情，否則正確的事情不會發生在你身上，原則和哲理都只是社會的結論。你該開始意識到，你是一個存在的生命，一個活生生的人，而不是一個心理學的案例。在此之後，你將掌控自己的命運，百分之百地掌控。

這不是隨口亂說的承諾，而是一個保證。

第四章

無界限，無負擔

4

誰該為你現在的模樣負責？

曾經在一個傍晚，一對夫妻起了爭執。他們為了一個迫切的問題而爭論：「今天應該是誰關前門？」

這不是一個簡單的問題，也不是一件可笑的事情。在家庭狀況當中，這些都是非常嚴重的議題。「今天誰應該關門？」「今天傍晚誰應該關院子的燈？」「誰應該遛狗？」這些問題都可以讓夫妻離婚。

爭執愈演愈烈。妻子決定：「每天到最後，都是我承認失敗，今天我不會再屈服投降。」丈夫也同樣堅決：「她老是對我發號施令，頤指氣使，今天無論如何，我都不會再屈服於這個女人。」

這是那種大爭吵之一。每個家庭都各有解決爭執的系統，而在這個家庭裡，當雙方陷入僵局時，夫妻兩人會靜默不語地坐在那裡，而那個先開口說話的人，就得去關門。

他們兩人一聲不吭、面無表情地坐著。時間分分秒秒地過去，然後數小時過去。晚餐放在餐桌上，而如果丈夫說他想要吃晚餐，他就得去關門。如果妻子提議吃晚餐，她就得去關門。

午夜時分，他們仍然一動不動地坐著。幾個流氓從街上經過，看見房子的門開著，燈也亮著，但沒有宴會，什麼也沒有，一片死寂。他們想看看是怎麼回事，於是望進客廳。他們看見兩個人坐在那裡，沈默不語。

流氓注視著這對沈默的夫妻，感覺有點驚訝，他們決定冒個險。他們拿了客廳裡幾件貴重的物品，兩個夫妻什麼也沒說。流氓們感覺愈來愈驚奇，膽子也大了起來，於是坐在餐桌前面，開始吃起晚餐。那對夫妻仍然「英勇」地坐在那裡，不發一語。

這可把這群流氓給逗樂了。這到底是怎麼回事？他們的膽子變得愈來愈大，其中一個流氓親吻那個妻子，但那對夫妻仍然不發一語。那個開口說話的人就得去關門，這個賭注太大了，沒有人能冒這個險。

現在，這些流氓反而有點驚嚇，並且決定該是離開這個怪異家庭的時候了。但是在離開之前，他們想要留下一些記號。他們決定剃下那個丈夫的鬍鬚，其中一個流氓手裡拿著一把剃刀走向他。

此時，丈夫終於開口說話了。他說：「可惡，我去關門！」

或許場景有所不同，但在你的生活中，難道沒有圍繞著一個類似的問題的情況：「這是誰的責任？」

「誰該負責？」

這是一個大問題。讓我們更精準地陳述這個問題：「誰應該為你現在的模樣負責？」

應該負起責任的是你的基因？你的父親？你的母親？你的妻子？你的丈夫？你的老師？你的上司？你的岳母？神？政府？還是上述所有這些人？

這個情況隨處可見。隨意問一個人：「你為什麼會置身這樣的處境？」通常回答都是千篇一律：「你知道，在我小時候，我的父母……」，只是幾個情節不同而已。

有一門古老的科學是關於如何製造痛苦，而人類不需要任何鼓勵就可以學會這門學問，而且幾乎沒有一個人不是這方面的能手。每一天，你用一百種不同的方式來推卸責任。你們已經共同地把這個古老陳舊、相互推卸責任的遊戲，精煉提升為一門藝術。

我們回應各種不同之複雜情境的能力，決定了我們的生活品質。如果我們以聰明才智和敏銳靈巧來回應的能力，因為衝動或被動應付的態度而妥協讓步，我們就會受到情境的奴役。這意味著，我們讓情境決定了生活體驗的本質，而非我們自己。

「擔負全責」（保持全然的回應）就是要保持全然的覺察。你認為的「身體」，是透過消化吸收所積聚而來的；你認為的「頭腦」，是透過五種感官所積聚而來的；而「你是誰」則超越積聚，不是你積聚出來的。「活著」即是「覺察」，每個人都有某種程度的覺察，但是當你觸及超越身體和頭腦的層面時，你就已經觸及意識和覺察之源。在那時，你瞭解到整個宇宙是覺察的，而你則居住在一個活生生的宇宙當中。

身體和心理的層面屬於兩極化的界域，例如苦與樂、愛與恨、陽性與陰性等等。如果你擁有其中一個極端，另一個極端注定會尾隨而來；但是當你進入「你是誰」的根本層面時，你就超越了所有的極端，並且因為你的自性而充滿喜樂。你是自己命運的主人。

「責任」是指「回應的能力」

「責任」這個單一的詞彙具有非凡的轉化力量，而現在該是我們重新收回這個力量的時機。把它應用在生活中，看著不可思議的奇妙因而開展。

讓我們先決定「責任」這個詞彙的意義。它的意義常常遭到誤解，人們是如此廣泛且不加思考地使用它，使得它大大喪失了內在的力量。「責任」不表示我們要承擔世界的重擔，也不意味著你為了曾經做過或未做的事情而承受責難，更非表示我們要活在一個老是覺得愧疚的狀態之中。

「責任」（responsibility）純粹是指「回應的能力」（ability to respond）。如果你決定「我有責任」，你將會擁有回應的能力；如果你決定「我沒有責任」，你將不會擁有回應的能力，它就是如此簡單。它唯一要求你做的事情是，去瞭解要為自己所有的「是」和「不是」、所有可能會發生和不會發生在你身上的事情負責。

這不是一場鬥智遊戲，也不是為了輕易過活的自救策略。這不是一個哲學理論，而是一個實相。你的身體之所以能夠存在，那是因為它具有天衣無縫地回應整個宇宙的能力；如果身體不回應，你就連一剎那都無法存在。你瞭解嗎？

此時此刻，你正在吸入身邊的樹木所呼出的空氣，而樹木也正在吸入你呼出的空氣；這個交易和互動持續不斷。不論你是否覺知到它，你的肺系統有一半正掛在一棵樹上！你從未體驗過這種相互依存的關係，你最多可能在智力上有過這樣的思考。如果你曾經體驗過這種連結，那麼，還需要有人告訴你「種樹，保護森林，拯救世界」嗎？有這個必要嗎？

「負責任」不是一個讓你心甘情願地接受事物之真實面貌的方便哲學，它純粹只是我們開始意識到實相。這種回應整個宇宙的能力，已經是一個具體的實相。只不過，你的思想和情感需要覺察到這個事實。

假設你的辦公室裡出了差錯，而你可能會認為這是源於某個同事的笨拙無能。你可能審問她，或對她大發雷霆，並且開除她。你的血壓可能升高，辦公室的氣氛可能受損變僵。在發生這個不愉快的事件之後數天和數星期裡，你和同事都可能還會感受到那股暴怒餘波，你可能必須費盡心思地修復辦公室的和平寧靜，並且重建互信。

這裡有另一個選擇。你可以如實地看清情況，並且負起責任。「負責任」並非不推卸責任地接受責難，它純粹是指「有意識地回應情況」。一旦你負起責任，你將會不停地探索處理這個情況的方法，並且尋找解決方案。

如果你經常採取這種作法，你打造生活情境的能力將會持續增強。你運用這種強化的才能去處理生活及其錯綜複雜的眾多情況，成功地應對各種可能性，並且能因此而得勢。如果你為周遭的一切負起絕對的責任，你將會成為家庭、工作的中心，甚或宇宙的中心。一旦你變成不可或缺，內心就不會再有不安全感或不完全感。

「慣性反應」即是奴役，「責任」即是自由

唯有瞭解到自己有責任（有能力回應）時，你才能擁有隨心所欲地造就自己的自由，而不是以慣性反應（reaction）對抗你所置身的情境。「慣性反應」即是奴役，「責任」（有意識的回應）即是自由。當你能依自己所希望的樣子來造就自己，你就能如願地創造自己的生活。你或許沒有百分之百地掌控外在的生活，但將永遠能百分之百地掌握內在的生活。

另一方面，第一個慣性反應——瞋怒——往往激起不明智的行為。基本上，瞋怒會弄巧成拙，適得其反。如果你仔細檢視自己的生活，將會發現你在生氣時，會做出最愚蠢、最負面的行為。最重要的是，你是在對抗自己。如果你對抗自己，如果你破壞自己的幸福，那麼很明顯地，你是在選擇不明智的生活方式。

我不是在提出一個倫理道德的爭辯，也不是在告訴你，就倫理道德而言，發脾氣是錯誤的行為，所以你不應該發脾氣。如果瞋怒是一種愉快的體驗，那你就發脾氣吧，這有什麼問題？重點是，它令人格外不悅，對你和對那些被你轟炸的人而言，都

是如此。它也會帶來嚴重的後果，因此它是沒有效率的。

我也不是在提供一個控制怒氣或管理憤怒的課程。當我初次來到美國時，我聽到每個人都在談論「壓力管理」（stress management），我為此感到困惑不解。為什麼會有人想要「管理」壓力？我一向認為，我們要管理的是自己所珍視的事物——金錢、事業和家庭。我花了一段時間才瞭解，人們已經想當然耳地以為壓力是生活中不可避免的一部分！他們並未看見這完全是自作自受。一旦你掌控內在的生活，就不會有「壓力」這種玩意兒。

重點在於，瞋怒根植於你的謬見，你誤以為發脾氣就可以改變情況。但是生活經驗卻一再地告訴你，事實恰恰相反；當你喪失理智時，你絕對無法改善任何情況，發怒只會讓情況更加變得一團糟。一旦看清這一點，你就已經朝改變跨出了第一步。

除此之外，醫學和科學已經提出重大可觀的證據證明，當你處於憤怒狀態時，等於是在毒害身體，這可以透過驗血這個簡單的動作來證實。當你生氣時，體內的化學性質產生變化，身體因而中毒。這場化學混亂，可以在我們從事劇烈的活動和睡眠時自行抵消，但如果你常常處於怒火中燒的狀態，那麼毋庸置疑地，你就等於是在醞釀一場身心的災難。

人們普遍認為，狂怒可以帶來成果；如果沒有暴怒的腎上腺素飆升，這個世界將會停滯不前。古巴革命的代表人物切．格拉瓦（Che Guevara）有一句名言說道：「如果你因為任何不公不義而義憤填膺，你就是我的同志。」這話或許真確。在狂怒中，你成為團體的一分子，但是離於狂怒，你就與宇宙合而為一。

有一次，某位紳士帶著一個嬰兒搭乘一列從倫敦開往布里斯托（Bristol）的火車。另一位紳士進入車廂，一股腦兒地放下兩只大行李箱之後，就在前一位紳士的旁邊坐下。

如各位所知的，英國人不會立即開口交談。因此，第一位紳士禮貌地等了一會兒之後，轉向第二位紳士說：「看你的行李箱的樣子，我推測你是推銷員？我也是。」

第二位紳士說：「是的，我是推銷員。」

他停頓沒說話時，第一位紳士就問：「你推銷什麼呢？」

第二位紳士回答：「我推銷螺旋齒輪。」第一位紳士禮貌地沈默不語。於是他問第一位紳士：「那你推銷什麼呢？」

他說：「我賣保險套。」

第二位紳士震驚地說：「你推銷保險套，而且你帶著兒子一起出差？這妥當嗎？」

「這不是我的兒子，」第一位紳士回答，「他是一個來自布里斯托的不滿投訴。」

人類長期處於抱怨不滿的狀態，他們像佩帶身分證章般地把牢騷帶在身邊。許多人悲痛度日，悲嘆生命對他們特別不公。他們一一列舉降臨於其身的所有可怕糟糕的事情，還有他們的生不逢時以及所遭受的諸多不公不義，而且說著說著就甚至更加相信這一切都是真的。

大多數人都忘記內心過去的種種都只是記憶。記憶沒有客觀的存在；它不存在，而且純粹只是心理的層面。如果你保有回應的能力，過去的記憶將會成為一種賦予力量的過程。但如果你置身一個衝動反應的循環，記憶將會扭曲你對當下的看法，你因此而產生的念頭、情緒和行為，也會和促使這些慣性反應的因素有所出入。

有意識地回應當下，逆境就不會成為阻礙

「選擇」總是在你面前——有意識地回應當下，或者對當下起衝動的慣性反應，這兩者天差地別，而且會使情況大為不同。

如果可怕的事已經降臨，那麼，你應該已經因此而變得睿智；如果天底下最嚴重的事情已經降臨，那麼，你應該已成為最有智慧之人。大多數人不但沒有長智慧，反而因此而受創。當我們處於以覺察而回應的狀態時，就有可能把每個生活情境當作成長的機會，不論它是多麼地令人可憎。但如果你習慣性地認為「今天我落到這個田地，都是因為某人的緣故」，你就是在把生活情境當作自毀或停滯不前的機會。

我曾經聽說一個感人的故事，描述一名女子運用可怕的生活情境，把自己轉化成為一個美麗動人的生命。在第二次世界大戰初期，一群納粹士兵闖入奧地利的一幢建築，把屋內的成人分別帶走，而兩個孩子——十三歲的女孩和八歲的男孩——則被帶往火車站。當他們兩個和其他的孩子一起等待火車抵達時，男孩們開始玩遊戲。他們完全沒有覺察到未來會發生什麼事情，而像孩子們慣常所做地開始嬉戲。

一列載貨火車到站，士兵們開始把每個人塞進火車。他們上了火車之後，那位小女孩立刻注意到她的弟弟忘了帶鞋子。那時正值奧地利的冬天，而且特別嚴寒刺骨，如果沒有鞋子，可能會失去雙腳。那個女孩因此發起脾氣，猛搖弟弟，打他耳光，並破口大罵：「你這個笨蛋！我們的麻煩還不夠嗎？我們不知道爸爸、媽媽在哪裡，也不知道我們要去哪裡！現在你把鞋子給弄丟了，我該拿你怎麼辦？」

在下一個火車站，納粹士兵把男孩和女孩分開。這是姐弟倆最後一次相見。

大約三年半之後，女孩離開了集中營，她發現自己是家中唯一的倖存者，其他家人都死了，包括她的弟弟。她最後一次看著弟弟活著，並且對他口出惡言，是唯一留存的記憶。

就在那時，她做了一個改變生命的決定：「不論我遇見誰，我絕對不會對他們說日後會讓我懊悔的話，因為這可能是最後的相聚。」她大可以在挫敗和懊悔中度過餘生，但她卻做了這個簡單的決定，使得人生產生了驚人的轉化，而變得豐富充實。

如果你接受「我要為我現在的樣子負責」，那麼，生命中最駭人的事情，就可能成為滋養之源，最大的逆境有可能轉化成為個人成長的墊腳石。如果你為自己現在的樣子負起百分之百的責任，你就有可能擁有一個更燦爛的明天。如果你不為現在的情況負責，如果你因此而怪罪父母、朋友、丈夫、女朋友和同僚，這等於你在未來尚未到達之前，就已經放棄了未來。

你身無一物地來到這個世界，並且空手而返。生命的財富在於，如何藉由生活體驗而使你變得更充實。污物可以綻放出花朵的芬芳，糞肥可以轉化成為芒果的甜美。如果你處於覺察回應的狀態，就沒有什麼逆境會成為障礙。不論你的處境的本質是什麼，如果你容許它的話，它只會增長你的生活體驗。

怨恨、瞋怒、嫉妒、痛苦、傷害和抑鬱是你飲用的毒藥，但你卻期望被毒死的是別人。生命不是以這種方式運作，大多數人得花上多生多世的時間，才會瞭解這個簡單的真諦。

「擔負責任」是擁有選擇的自由

我們已經瞭解什麼是「責任」，現在讓我們看看什麼不是「責任」。首先，我們要釐清幾個根本的誤解。

其中一個誤解是，許多人認為「擔負責任」等於是放棄了自由。從一個過分簡化的層次來看，這在邏輯上似乎真確，但就生命存在而言，這完全不正確。

讓我們思量一個具體的情境。你的筆從桌子上掉了下去，如果你瞭解自己要對此負責，那麼，眼前就有幾個選擇。你可以彎下身，把筆撿起來。如果你無法這麼做，可以請另一個人幫忙。或如果你不想立即採取行動，你可以之後再把筆撿起來。你有各種選擇。

另一方面，如果你不負責，你能夠做什麼？沒有什麼。

哪一個是自由？有選擇，還是沒有選擇？

你符合邏輯的頭腦告訴你：「放棄所有的責任，你將會自由自在。」但生活體驗卻告訴你，你愈能夠為周遭的一切負責，你就愈自由自在！生命的邏輯面向和經驗面向以截然不同、背道而馳的方式運作。邏輯不是毫無用處，但唯有在處理生活的物質面向時，它才會派上用場。如果你只以邏輯來處理整個人生，你最後將會變得一團糟。

「責任」源自於「覺知」

其次，人們常常把「責任」（有意識的回應）和「慣性反應」混淆。之前我們已經證實，這兩者天差地別。「責任」源自於「覺知」，而「慣性反應」則源自於「無所覺知」；前者是自由，後者是奴役。

另一個區別是，「責任」不是「慣性反應」，但它也不是「行動」。

「責任」和「行動」屬於不同的層面。回應的能力賦予你行動的自由，也賦予你不採取行動的自由。它讓你坐在生命的駕駛座上，它賦予你權力，去決定你想要採取之行動的本質和多寡。「責任」不是衝動的行為，它提供行動的選擇。

在今日的世界，你可以對每件事情採取行動嗎？不行，但你卻可以回應今日世界中的每一件事物。我們必須仰賴可以使自己仔細進行分析的資源，例如力量、能力、精力、年紀和情境，進而明智而審慎地採取行動。你的行動能力一直都會是有限的，但你回應的能力卻是無限的。如果你願意，你幾乎可以回應任何事情。

只因為你想要為孩子負責，就能為他們做每件事情嗎？如果真是如此，就會毀了他們的人生。你出於責任感而為他們做某些事情，同時也不做某些事情。因此，責任不代表了無限度、不受控制的行動，它遠非如此。

你或許會問，你如何為世界上的暴力和不公不義負責？你如何為在世界各地發生的戰爭、血腥殺戮、加諸於邊緣弱勢族群的暴行負起責任？你肯定不應該為任何這些事件負責，但在你意識到這些事件的那一刻，你確實會有所回應，例如關注、愛、憂慮、仇恨、憤怒、憤慨，甚或行動。然而，這些回應常常只是一種無意識的慣性反應，而非有意識的回應。如果你把這種回應的能力轉化成為一種樂意情願的過程，一種巨大嶄新的可能性就會在你內心誕生。你內在的天賦開始充分展露。

那麼，你能夠回應月亮嗎？你可以的，你的身體和生命能量肯定能夠這麼做。當整個海洋回應月亮的循環週期而漲潮時，你覺得體內的水分不會高漲嗎？你或許不是太空人，或許永遠不會在月亮上行走，但你卻可以回應月亮。事實上，你已經這麼做了，你只要選擇去做就可以了，樂意地、有意識地去做。

這把我們帶到第四個誤解。許多人認為，責任意味著「能力」。這又錯了。在談到「行動」時，「能力」可以扮演一個角色，但是就「回應」而言，它只不過是個人的意願而已。

如果你看見某個人躺在街上奄奄一息，你要為此負責嗎？

如果你願意去回應，你會探索各種選擇。如果你是醫師，就會試圖直接干預。如果你不是醫師，你或許會撥打緊急救命專線。或者如果其他人已經採取行動，你心中至少會有所掛慮。但是如果你不負責，你就只會像一顆石頭般坐在那裡，袖手旁觀地看著某個人在你眼前死去。

你回應的能力，即是「你是誰」。只有你採取行動的能力，才和外在世界有所連結。「責任」不關乎談話、思考或行為，而關乎生命。生命即是如此——它不是一個獨立的、自給自足的泡泡，而是時時刻刻都在和宇宙進行對話。你不必努力下功夫地把它造作成那個樣子，你只要如實地看待生命即可。

人類猶如籠中鳥，但籠子沒有門

讓我們進一步地深入探索。如果責任是「回應的能力」——回應情境的能力，那麼，接下來的問題是：「你回應的能力是有限的，還是無限的？」

你能夠回應一株植物嗎？

你能。

回應街上的陌生人？

你能。

月亮？

你能。

回應太陽，回應星辰？

你能。

回應整個宇宙？

你能。

事實上，如我們所見的，你體內的每個次原子粒子都正在以一種無限的方式，來回應能量的勝妙之舞——宇宙。你之所以未體驗到生命過程的莊嚴深奧，唯一的原因在於你的心理處於抗拒的狀態，你的心理結構是一面石牆。如果你樂意，生命的每個剎那都會是不可思議的絕妙體驗。光是呼吸這個動作，都會是一場絕妙的風流韻事。

為什麼頭腦對此產生抗拒？

因為它被自己有限的邏輯弄得手殘腿瘸。這個有限的邏輯說：「光是為兩個人負責，就已經讓我傷透腦筋，如果要我為整個世界負責，那會發生什麼事？我會崩潰！」

經過數百萬年的演化，大自然已經把你困在特定的界限和藩籬之內，這是人類的困境。這種囚禁不只限於生物學的層次，在人類的意識層次上，你就像一隻籠中鳥，而這籠子沒有籠門。這是多麼悲慘的諷刺！你只不過是出於長久以來的習慣，而拒絕自由自在地飛翔。

生命把一切開展在你面前，生命沒有阻礙任何人。如果你樂意，便可以親近整個宇宙。有人說：「敲門，門就會打開。」你甚至不必去敲門，因為它沒有門，它是敞開的，你只要走過去就成了。

這是靈性修持的唯一目的。在整個歷史和文化當中，每個靈性嚮導的生平和著作一直都只有一個宗旨——指出那個籠子沒有門。不論你飛出籠子或選擇留在局限的籠子當中，都應該是一個有意識的選擇。

負責任是成為完整的人的第一步

終極自由（ultimate freedom）這個可能性或許深深威脅許多人。是的，它是一個威脅，但它只會威脅你的局限。你想要過著自願自我監禁的人生嗎？限制你的責任，等於是在身體、智力和情感等各種不同的層面窒息自己。不幸的是，人們卻把這種令人窒息發悶的人生視為一種安全的防護和保障。

以種子為例，如果種子時時刻刻都試圖拯救自己，將不可能展開新生命。種子經歷巨大的掙扎，失去它認為是其身分認同的事物，失去它的安全防護和健全完整而變得脆弱，如此才能長成枝繁葉茂的大樹，花朵盛放，結實纍纍。但是如果沒有那種自願開放去接受轉化的脆弱，生命就不會發芽。

寂寞孤獨是今日世界最嚴重的問題之一，這相當不可思議。這個地球充滿了七十億人，但人們卻感到孤單寂寞！如果人們能享受獨處，這就完全不是一個問題，但大多數人卻因飽受獨處之苦，而承受嚴重的心理問題！如果你覺得孤單寂寞，那是因為你選擇把自己變成一座孤島，你大可不必如此。「我沒有責任」這件事情，使你不願意與他人和睦相處，甚至到你無法自處的程度。這常常導致這樣的情況——你認為，你甚至不必為內在發生的一切負責！

我們的頭腦忘記了「回應的能力」是生命的基礎。如果你樂意地認同那種能力，就會充滿喜樂；如果你心不甘情不願，就會感到痛苦悲慘。

負責任即是掌握你的人生。它表示你邁開大步，跨出成為一個完整的人——全然覺察和圓滿之人——的第一步。在擔負責任，開始邁向覺察生活的旅程時，你就是在終結怨天尤人的陳舊模式，並且展開生命所提供的最勝妙的探險，也就是探索內在的旅程。

「愛」就是你存在的方式

你可能已經注意到，「責任」這個見解似乎很自然地導出另一個含義極為類似的字眼，一個我們全都知之甚詳的字眼，或許已知之過詳了。這是一個由四個字母組所成且常常被使用、濫用的字眼。

Love（愛）。

當然，你們都知道關於「愛」的教導和開示。全世界的人都一直被教導所有這些美妙的開示——「愛」是終極的，「愛」是無上的，「愛」是神聖的，我們必須愛我們的鄰居等等。但是當你努力要成為一個慈愛的人時，它卻很難辦到，而且最後常常變成裝模作樣、虛情假意。你注意到了嗎？完全不去愛似乎比嘗試做個慈愛的人更容易！

但是，做個慈愛的人，純粹意味著樂意且自在開放地作出回應。此時此刻，這種樂意或許只限於你生命中的一個或兩個人，但擴展延伸這種能力而擁抱整個世界，卻是可能的。

這是否意味著我們要走上街頭擁抱每個人？不是如此。這種行為可能太瘋狂，更別說不負責任了。就如我們所說的，責任無關乎行動，而是一種存在的方式。「愛」不是你所從事的某件事情，「愛」就是你存在的方式。

現在，你已經為了少數人而開啓了一扇生命之窗。你之所以這麼做，那是因為你瞭解，如果關閉那扇窗，你就會發瘋，而且精神失常或自殺將會成為你唯一的去路。我們有別的選擇，這表示我們要再開啟另一扇窗？或開一扇門？

這裡有一個更具效率的選擇：你何不把牆拆了？

「愛」與其他人無關，但百分之百和你有關，它是一種存在的方式。基本上，它意味著你已經把愉悅帶入自己的情感之中。如果你摯愛的人旅行到另一個國家，你仍然能夠愛他們嗎？你能。如果你親愛的人逝世，你仍然能夠愛他們嗎？你能。即使摯愛的人不再長相左右，你仍然能夠做一個慈愛的人。因此，「愛」是什麼？它是你的特質，你只是把另一個人當作鑰匙，開啟已經存在於你內在的事物。

在沒有鎖、沒有門、沒有牆時，你為什麼還在摸索著找鑰匙？你創造了虛幻的牆壁和門，接著創造了虛幻的鑰匙，然後你摸索著找鑰匙！一旦你找到了鑰匙，你就害怕失去它！

對大多數人而言，「愛」最初是一種喜悅，但經過一段時間之後，它變成一種焦慮不安。為什麼？因為這把「鑰匙」有兩條腿，也有意志和決心。你無法把它留在口袋裡，或把它掛在脖子上。當你嘗試這麼做時，兩個生命就會一頭栽向災難！

我是自己生命的創造者

一旦你的喜悅是自行啟動的，而非推進啟動的，你的技術就已經升級了。你不再受役於外在的資源，不論那資源是一個人或一個情況。這時，你不需要特別做什麼，只要坐在那裡，不論外在世界的人做出何種行為，你都能夠做一個慈愛和充滿喜樂的人。一旦體驗到這種內在的自由，你將不會再產生不安全感。總之，當你心中真正感到極樂時，每個人自然而然地都會想要圍繞在你身邊！「極樂」是指生命正以一種豐富非凡的姿態上演，而這正是生命唯一的追尋。

因此，人們如何升級內在的技術？

我們將在接下來的章節進行長篇且仔細的探究，但其根本的步驟是，有意識地認識：「我回應的能力是無限的，但我採取行動的能力卻是有限的。我為我所有的『是』

和『不是』、能力和無能、喜悅和痛苦負起百分百的責任。我決定我今生和來世之體驗的本質，我是自己生命的創造者。」

除了覺知「你的責任是無限的」這個基本事實之外，你完全不必做任何事情，不需要反應、行動和能力。你可以坐在某處，然後覺知它；你可以在街上行走，然後覺知它；你可以工作、烹調，甚或躺在床上，同時覺知它。

讓我問你另一個問題：不論你的宗教或文化背景是什麼，當你使用「上帝」或「神」這個字眼時，那到底是什麼意思？

「神」的身相、名稱和想法各有不同，但基本上，當你說「神」時，你是指那個為宇宙萬事萬物負責的那個人物。如果神說「我不會為你負責」，祂肯定會被炒魷魚！「神」這個字眼象徵了無限的責任。

因此，「責任」不是一堂公民學的課程，而是你展現神性的最簡單、最輕易的方式。

靈性修持的整個目的在於破除你為自己所設下的界限，進而體驗你自己的廣大無邊；解開你為自己鑄造的有限身分認同的枷鎖——這是你自身無知的結果，並且以造物主創造你的方式過活，充滿喜樂，擔負無限的責任。

覺察「我回應的能力是無限的」

在查蒙迪山的經驗之後，我清楚瞭解一件事情——在生命中，沒有「這個」和「那個」，只有「這個」和「這個」。這表示一切都是此時此地，都是當下。「當下」是親近一切的入口，而它只在於我們回應的能力，以及體驗和展現神性的能力。

沒有「是」（yes）和「不是」（no），只有「是」和「是」！這個選擇是你的。你可以用「是」和「不是」來應對人生，但這就表示你不斷地劃分生命，進而成為衝突和痛苦循環的根基。或者，你可以用一個大大的「是」（YES）來回應生命。

「有限的責任」這件事劃分了界限。你認為自己該負責的事，將會在你的界限之內；而不該負責的事，將會在你的界限之外。「無限的責任」則自行擴展延伸，遠遠超越你目前理解和感知的層次。生命遠遠超過你目前的覺知和瞭解。一旦你選擇去覺察「我回應的能力是無限的」這個簡單的事實，你內在的生命就會突然以一種截然不同的方式自行重組，你因而進入內在愈來愈高層次的自由。此時，生命是一段自我發現、令人心曠神怡的美好旅程。

我們已經目睹外在世界的血腥革命，這些革命之所以充滿暴力，那是因為有些人願意改變，有些人不願意改變。但在內心生活中，只有一種革命，而且是一種靜默的革命，它是從心不甘情不願轉變為樂意情願。

問題是你想要做一個對生命全面負責的人，還是部分負責的人？如果你限制自己回應的能力，你的體驗範圍和層面將會平凡無奇，而且是可預測、有限和狹窄的。做一個百分之百全面負責的人，即是做一個時時刻刻都熱情堅定地回應一切的人。你不必特地做任何事情，你只需要在這個壯麗輝煌、生動活現的宇宙中，成為一個情願樂意的生命。

責任不是負荷，界限才是負荷。如果你為自己劃下界限，不論那界限是意識型態、種姓制度、信條、種族或宗教，你都無法超越它，而且最後會平白無故地受困其中。這些界限只會招致恐懼、仇恨和瞋怒，你的界限愈大，負荷就愈沈重。如果你的責任是無限的，那麼界限又在哪裡？

沒有界限，沒有負擔。

人類的意識需要產生這種徹底且根本的改變。

一旦產生這種轉變，宇宙並不會因此而開始隨順你的心意；相反地，你成為宇宙。

這不是超越，而是回歸。

靈性修持①

對自己的無限本質保持覺知

不要只是單純地相信你所閱讀的內容，要親身實驗，才是發現某件事物是否真實的唯一途徑。停止內心的辯論，而要檢驗它。瑜伽士的道路不是一條繼承信念的道路，而是一條實驗的道路。

以下提供了一個實際可行的方法，可以讓讀者們著手進行。

當你享用下一頓餐點時，在前十五分鐘，請不要和周圍的任何人交談，只要積極覺察地回應你所吃的食物、所呼吸的空氣，以及所飲用的水。

如我之前所說的，你的整個身體一直都在回應，只要覺察它即可。這顆蘋果、這個紅蘿蔔、這片麵包——切勿輕心以待。如果你兩天不吃不喝，你就不會想到神，而只會想著食物。此時此刻，食物滋養你，使你生活下去。食物是構成你身體的物質，你得全心全意地回應食物。

這水果、雞蛋、麵包和蔬菜，它們全都是生命本身的一部分，但它們卻願意變成你。你願意為任何人做這件事情嗎？你不會願意失去自己的身分認同，而與其他人融合，你甚至不願意為其他人放棄自己的小指頭。你通常是在有所需求時，才會暫時放棄一點點東西，你的風流韻事即是經過精心算計而放棄投降的產物。食物本身也是生命，但它卻完全放棄自己而成為你的一部分。

在此之後，你甚至不需要大聲念誦「我的責任是無限的；如果我願意，我可以回應一切」這個句子，只要靜靜地把這個想法帶入一整天之中。覺察它，直到你入睡前的最後一刻。在隔天醒來時，第一件事就是提醒自己這句話的意義。

如果你對自己的無限本質保持覺知，即使只維持一分鐘，也會達成巨大的轉化。一分鐘似乎非常簡單，但你將瞭解，要達到這個境界，需要某種程度的專注。只要一分鐘，就能夠把你提升到一個不同的體驗層次和功能。此時此刻，你的覺知是不穩定的；這一刻，你是覺知的，但在下一刻，你就分神了，這沒有關係。每個小時，你都提醒自己。實驗這個覺知，加深它，並且看看發生了什麼事情。

「有意識的回應」把你帶到一種與生命連結的狀態，這種深奧且歷久彌新的狀態不是一種想法或一種情緒，而是如實的生命。在這種樂意且積極地與生命連結的關係中，你被生命接納擁抱，而那種接納擁抱把你帶到創造的源頭。

只要你樂意，不需要任何事物，你就能夠觸及造物主。

第五章

「……當下，瑜伽」

5

帕坦伽利的《瑜伽經》是針對瑜伽科學所著之最深奧的文獻之一。它以一句奇怪的句子作為開場白：「……當下，瑜伽。」

這部偉大的生命文獻只用半句話作為開場！為什麼？

這是因為唯有當你瞭解，「追求無限」是你的根本欲望，而且沒有其他事物能夠讓你安頓下來時，你才會達到瑜伽的境界。每個人都活在一種持續不足的狀態之中，不論你是誰或你已經成就了什麼，你仍然想要擁有比當下更多的事物，這是人的欲望。儘管如此，追求無限的擴展，才是人類內心的根本欲望。

大多數人並未覺知到他們的渴望的本質。當人們無意識地表達這種渴望時，我們稱其為「貪婪」、「征服」和「野心」。當人們有覺察地表達這種渴望時，我們稱此為「瑜伽」。

如果你仍然相信，在找到一個新女友或新男友、加薪、買新房或買新車之後，一切都會安然無恙，那麼，瑜伽的時機尚未到來。一旦你已經嘗試所有這些事物和更多事物，並且清楚地了知，這一切永遠不會足夠，那麼你就已經準備就緒。

因此，當下，瑜伽。

瑜伽是與生命達成完美一致的科學

瑜伽究竟是什麼？

如果你閉上眼睛，想像什麼是瑜伽，那麼，浮現腦海的影像可能會是一個人的身體扭曲盤繞成不可能的姿勢。骨頭彎曲、肌肉打結、咬牙切齒的軟體表演——對許多人而言，這就是瑜伽！

今日，這個趨勢正在產生某種程度的轉變，許多瑜伽教室也開始教授呼吸技巧和冥想過程。因此，對某些人而言，瑜伽的形象或許是平靜安詳的笑容，以及完美無缺的身體毫不費力地呈蓮花坐姿。

但是，當我們談到瑜伽科學時，這些皆非所指。

瑜伽不是一種練習，不是一種運動，也不是一種技巧。一般大眾心目中的瑜伽是一種經過刪節修改的形式，如今已充斥全世界。瑜伽源自印度次大陸，是一門極為宏偉深奧的學問，而這種經過刪節修改的瑜伽形式，是對瑜伽這門科學的嘲弄和歪曲。

簡而言之，瑜伽這門科學是與生命達成完美的一致、絕對的和諧和徹底的同步。

外在世界的諸多變動對每個人都造成衝擊，但瑜伽是一門如你所願地創造內在情境的科學。當你精確地調整自己到了每件事物都於內在美好地運作時，你最佳的能力就會自然而然地流露。

你肯定已經注意到，當你快樂時，總是有較佳的表現，而且似乎精力充沛，源源不絕，即使沒吃沒睡，也可以繼續運作下去。只要有一丁點兒的快樂，就能使你從精力和能力的一般限制中解脫。

當你的身體和頭腦處於放鬆狀態時，你也會遠離糾纏不休的病痛。例如，你坐在辦公室裡，感到一陣陣頭痛。頭痛不是什麼大病，但那種抽痛卻可以大大地減損你工作的能力和熱忱，或許也減損你對生命的熱忱。單純的頭痛，可以把你最珍視的事物轉變成為煩惱或痛苦悲慘之源。（反之亦然。當所愛之人被你弄得惱火時，他們總是假裝頭痛！）但是，你可以透過練習瑜伽，使身體和頭腦的能力、效率維持在巔峰的狀態。

然而，瑜伽不只是一種自救的工具，使身心達至更大的效率，並且遠離頭痛；其功能遠大於此。

瑜伽是精煉內在能量的技術

現代科學告訴我們，所有的存在都只是能量以不同的方式和形式展現。這意味著，相同的能量可以像一塊岩石般坐在這裡，像一團爛泥般躺在那裡，像一棵樹般挺立，像一隻狗那般飛奔，或像你一樣在閱讀這本書。因此，在本質上，你是宇宙這個更大能量系統中少量的能量。宇宙只是一個大型的有機體，你的生命仰賴它。沒有世界，你就活不下去，因為你和世界之間有一種非常深刻、即時即地的互動。

雖然宇宙的萬事萬物都擁有相同的能量，但它卻以不同的形式和不同層次的能力來運作。這相同的能量在某個星球創造玫瑰；在另一個星球，它則發揮創造茉莉花的功能。過去的人用來製作陶鍋的原料，現在則被用來製造電腦、汽車，甚至太空船！它是相同的原料，我們開始使用它來創造愈來愈崇高的可能性。在本質上，自然的演化是一個類似的現象——從這個地球上的相同原料，從阿米巴原蟲到人類，這已經創造了一段多麼不可思議的旅程！

我們的內在能量也是如此。瑜伽是提升、啟動和精煉這些內在能量的技術，以使其達到最高的可能性。突然之間，你的能力達到了從來無法想像且耀眼過人的層次，偶然且有限的生命幾乎轉變成不可思議的奇蹟。

瑜伽最深奧的目標是與一切事物合一

瑜伽除了確保身體、頭腦和能量的安樂之外，它也發揮更深刻的功能。就字義而言，瑜伽意指「合一」（union）。當你在瑜伽之中，這表示在你的體驗當中，一切事物都合而為一。這是瑜伽這門科學的精髓，也是它最深奧的目標。

什麼是「合一」？與什麼合一？

此時此刻，你知道有個人被稱為「我」，有個人被稱為「他」。這個「我」和「他」可以被擴展延伸為人、社群和國家等團體，但在根本上，「我」和「他」是宇宙衝突的基礎。瑜伽的整個重點就在於把你帶往一種體驗之中，這種體驗是，如果你坐在這裡，沒有「你」和「我」這種東西，它全都是「我」，或全都是「你」！任何能夠幫助你達到此種合一境界的過程，即是瑜伽。

如何能夠達到這種合一的境界？

有數種方法，但讓我們先從頭開始，從我們對「是什麼構成一個個人」的想法開始。如果我開始告訴你一些你不知道的事情，你有一個選擇——相信我或不相信我。不論是哪一個選擇，你只會使自己的假設具體化，不論這假設是正面的或負面的，這只會帶你進入憑空的想像。但瑜伽的整個過程卻是按部就班、循序漸進地把你從已知帶入未知，它是百分之百親身實驗的科學，它不會要求你不加深究考察就盲目地相信任何事情，它敦促你時時刻刻都得親身實驗。

因此，首先讓我們檢視，你對「我自己」（myself）這個詞彙究竟有什麼樣的瞭解。此時此刻，在你的理解之中，這個「你」是由你的身體、頭腦（包括思想和情感）和能量所構成。目前你的能量或許不在你的體驗範圍當中，但你卻可以藉由推理而了知能量——如果你的身體和頭腦如實地運作，那麼一定有某種能量賦予它們力量。你知道身體、頭腦、能量這三種實相（reality），你也能夠與之共同運作。

瑜伽生理學的五鞘

瑜伽告訴我們，我們事實上是由五鞘（five sheaths）、五層（five layers）或五身（five bodies）所構成。如同有醫學生理學一般，瑜伽也有瑜伽生理學；後者帶領我們從實相的粗重層次到最細微的層次。你是否一定得相信它呢？不，你不必，但它卻是讓我們展開探索的有用起始點。然而，你所覺知的實相，仍然是你最基本的工作領域。

第一層是「食物體」（梵 annamayakosha；physical body），也是瑜伽引人注意之處。你所謂的「身體」，只不過是一堆累積起來的食物，它是你多年來消化吸收的所有養分的產物。因此，這是第一鞘被命名為「食物體」的由來。

第二層是「心智體」（梵 manomayakosha；mental body）。今天，醫師們長篇大論地談論由心理焦慮所引起的心身症，這表示頭腦的狀況會影響身體的狀況，那是因為你所謂的「頭腦」，不只是大腦而已。「頭腦」不在人類解剖構造內的任何一個部分裡；相反地，每個細胞各有其智力，因此有一整個心智體，一整個頭腦的解剖結構。

不論心智體發生了什麼狀況，同樣也會發生在食物體上；反之亦然。頭腦的每個波動都具有一種化學反應，而每個化學反應也都會在頭腦的層次產生一個波動。

食物體和心智體如同硬體和軟體，除非你接上優質的電力，否則硬體和軟體就無用武之地。因此，自我（self）的第三層是「能量體」（梵 pranamayakosha；energy body）。如果能量體保持完美的平衡，食物體和心智體就不會罹病。今日科學證據已經顯示，遺傳記憶（genetic memory）對人類的影響不是絕對的。除了DNA的根本面向之外，我們可以改變每一件事情，包括改變罹患疾病的基因傾向。傳染病是因為外在的有機體而產生，但慢性病卻是由人類每天生產製造。當你的能量體充滿活力且平衡時，慢性疾病就無法在體內生存。我可以把你介紹給成千上萬個人，他們單單做幾個簡單的瑜伽練習，就去除了身心的疾病。這些瑜伽練習不是瞄準疾病，而是對準一個目標——使能量體達到某種程度的活力與和諧。

現在，你已經覺知到身體、頭腦和能量等三個自我的面向。基本上，它們三者的本質都是物質的，但每一個都比前一個更細微。它們有如燈泡、電力和光，全都是物質的。一個你可以握在手中，另一個你可以感覺得到，第三個則需要像眼睛這種敏銳的接受器來感受，但在本質上，它們都是物質的。因此，你能夠透過感覺器官來感受它們。

第四層被稱為「智識體」（梵vignanamayakosha；etheric body）。「gnana」意指「知識」（knowledge）；「visheshgnana」意指「非凡的知識」（extraordinary knowledge），它超越感官的感知。這是一種超越的狀態，既不是物質，也不是非物質，它有如兩者之間的連結。它不在你目前的體驗層次裡，因為你的體驗局限於五種感官，而這五種感官無法感知非物質的事物，那些述說瀕死經驗的人可能會不小心溜進這種狀態。當人們的食物體、心智體和能量體因為某種原因而變得虛弱時，就會產生瀕死經驗。如果你學習有意識地進入這個維度，你了知宇宙現象的能力就會產生巨大的突破。

第五層「極樂體」（梵anandamayakosha；bliss body）完全超越物質。「ananda」意指「極樂」（bliss），它完全與生命的物質領域無關。這個維度超越物質而無法言傳形述，甚或無法定義。因此，瑜伽只就體驗的角度來談論它。當我們接觸這個超越物質的面向時，我們處於極樂的狀態。這不是指你的身體結構內有一個極樂的泡泡，而只是在說，當你接近這個難以確切描述和定義的維度時，它製造了一種勢不可擋的極樂體驗。

但是極樂本身並不是一個目標，一旦你觸及這個「空」（nonexistence）的維度，你就肯定會有極樂。在此一狀態中，你就不再是一個問題。當你不再是一個問題時，你就能夠無所畏懼地探索「超越」。

在觸及這個超越定義描述的維度之際，時間和空間所造成的衝擊因而徹底地不留痕跡。許多故事也描述瑜伽士們不動如山地坐著，時間可長到不可思議的程度。這樣的狀態之所以成為可能，不是因為他們身體的耐力之故，而是因為在這些狀態之中，他們並不在時間的過程當中。他們已觸及了一個超越所有衝突的維度，例如「這裡」和「那裡」、「此時」和「彼時」等等，觸及了空性的無邊汪洋，其中既無束縛，也無自由——一種超越存在的存在。

瑜伽不會要求你去處理你不知道的事情；它純粹只是告訴你，如果食物體、心智體和能量體都完美地協調，你將會找到通往極樂體的入口。但如我們之前所說的，只有前三種體才是你的功課。

在談到外在的現實時，每個人的能力各有不同，一個人能做的事，另一個人可能辦不到。但是在談到內在的實相時，則所有人都能力相當。只因為你想要唱歌、跳舞、登山或賺錢，並不保證你能夠辦到，但是每個人都能夠讓內在生活充滿喜樂。如果你樂意，它就無法被剝奪。一旦你精通一些內在幸福的基本瑜伽技巧，你的生命旅程就會變得毫不費力。你可以淋漓盡致地展現自己，而沒有任何壓力或負擔，可以隨心所欲地遊戲人生，但生命卻不會傷你一根汗毛。

因此，為了能體驗幸福，你唯一要做的是掌控身體、頭腦、能量三個層面。你在這個世界上是否有所成就，取決於你掌控這些層面的能力，並且依照生活情境的需求和你想要從事的活動來掌控。瑜伽也是協調這三個層面的一門科學，如此一來，你就能夠達到狂喜與生命本身合一的終極狀態。

瑜伽是結合身體、頭腦、情感和能量的科學

我們要怎麼做才能達到這種終極的合一？

瑜伽提供幾個根本的方法。如果你運用食物體來達到這種終極的合一，我們稱此為「業力瑜伽」（karma yoga）——行動的瑜伽（the yoga of action）。若運用智力來達成終極本質，我們稱此為「智慧瑜伽」（gnana yoga）——智力的瑜伽（the yoga of intelligence）。若運用情感來達成終極本質，我們稱此為「奉愛瑜伽」（bhati yoga）——奉獻或情感的瑜伽（the yoga of devotion）。若運用能量來達到無上的體驗，我們稱此為「克里亞瑜伽」（kriya yoga）——轉化能量的瑜伽（the yoga of transforming energies）。

每個人都是相同材料獨一無二的組合，如果我們想要有所成的話，那麼，業力、智力、奉獻和克里亞等所有面向，都必須以一種融合為一的方式來運作。如果身體、頭腦、情感和能量等四個層面無法共同運作，你就會陷入一團混亂。

從前有四個人在森林裡散步，第一個人是位智慧瑜伽士，第二個是奉愛瑜伽士，第三個是業力瑜伽士，第四個是克里亞瑜伽士。

這四個人通常不會聚在一起。智慧瑜伽士徹頭徹尾地蔑視其他種類的瑜伽，他的瑜伽是智力的瑜伽，而一個具有智力的人通常輕視其他人，尤其是那些虔誠的奉愛瑜伽士，老是仰望天空，唱誦神的名號。對他而言，這種人看起來像一群笨蛋。

奉愛瑜伽士則認為，所有這些智慧、業力和克里亞瑜伽都在白白地浪費時間。他同情其他人，因為他們沒有看見自己唯一要做的是明白神的存在，握著神的手，並且全心信任神。對他而言，所有這些令人精神分裂的哲學和骨頭彎來扭去的瑜伽，簡直荒謬可笑。

業力瑜伽士是行動派的人。他認為，所有其他種類的瑜伽士簡直就是怠惰懶散，過著自我縱溺的生活。

克里亞瑜伽士則最高高在上，對其他瑜伽士不屑一顧，他嘲笑每個人：「他們難道不知道生命就只是能量嗎？」不論你是渴望神或其他任何事物，如果你不轉化能量，啥事也不會發生，也不會有任何轉化！

這四個人通常水火不容，但今天碰巧都走在森林裡。突然之間，暴風雨來襲，而且愈來愈猛烈，暴雨開始持續不斷地傾瀉而下。四個瑜伽士渾身濕透，開始奔跑，急切地尋找躲避暴風雨的地方。

奉愛瑜伽士說：「在這個方向有一座古廟，我們往那邊去吧！」（身為一個虔誠的信徒，他特別熟悉寺廟所在的方位。）

他們往那個方向奔跑，來到一座古老的寺廟。寺廟的牆壁很久以前就已經崩塌，只留下屋頂和四根梁柱。他們衝進寺廟，不是因為出自對神的愛，而只是想要避雨。寺廟中央有一尊神像，他們都往神像的方向跑。雨水從四面八方猛烈而下，他們無處可去，所以愈移愈近。最後，他們別無選擇，只好抱著那尊神像坐下來。

就在這四個人抱住神像的那一刻，神突然現身了。

他們的腦子裡生起相同的問題：「為什麼是現在？」他們納悶：「我們闡釋了那麼多隱約精微、晦澀難解的哲理，盡可能地在每個大大小小的聖龕前膜拜，無私地服務眾人，做那麼多傷身的懺悔，但祢從來都沒有出現。現在我們只是在避雨，祢卻現身了。為什麼？」

神說：「你們這四個笨蛋終於在一起了。」

簡而言之，瑜伽是把這四個笨蛋聚在一起的科學。

瞭解身而為人的無限性，感知生命之源

對大多數人而言，現在這四個層面分散在不同的方向。你的頭腦想東，你的情感把你往西邊拉，你的身體往南，你的能量卻想往北，這將為你招致災禍。你被挾持了，被拉往四個不同的方向。

現在該是投入一場自我調整歷險的時機，也是投入瑜伽這個非凡的、以親身經驗為依據之系統的時機。瑜伽使你同時成為煉金術士和實驗品，既是主體也是客體。

因此，本書下面三部的內容是務實的。在繪製了地形圖之後，我們現在展開一段真正的旅程，一段自我發現、自我開鑿的覺察旅程。我們將探索身體、頭腦（包括思想和情感）、能量等三個瑜伽層或瑜伽鞘的本質和可能性，並且提供策略，使你能夠把每一個瑜伽層轉變成為轉化和了知的工具。

問題在於，世界各地的宗教狂熱分子已經把關於人類的每一件美好事物輸出到另一個世界。如果你談論「愛」，他們就談論「神聖的愛」；如果你談論「喜樂」，他們就談論「神聖的喜樂」；如果你談論「平靜」，他們就談論「神聖的平靜」。我們已經忘記這些全都是人類的特質，人類完全具有愛、喜悅與平靜的能力。為什麼你想要把這些特質輸出到天堂呢？

人們之所以老是談論「神」和「天堂」，主要是因為人類尚未瞭解身而為人的無限性。顯而易見地，生命之源以某種方式於你的內在搏動。你的生命之源也是每個其他

生命之源，也是一切創造之源。這個智力或覺察的層面存在於每個人之內，每個人的救贖都在於進入這個「無死」的層面。

在生命的每個時刻，你的內心都保持喜悅、寧靜，並且感知那超越其身體限制的生命；這些不是超人的特質，而是人類的可能性。

瑜伽不是關乎做一個超人，而是瞭解身而為人的高超絕妙。

PART 2

給讀者的短箋

接下來，第二部至第四部的內容愈來愈具體明確，帶領你更深入地探索每個人都能自覺的三個基本鞘、層或身分認同。第二部至第四部的內容分別為「身體」、「頭腦」和「能量」。

第二部至第四部的宗旨都在於讓你充分瞭解身體、心理和生命能量是由什麼所構成。在這個過程當中，你可能會發現有一些假設遭到質問，有一些陳腔濫調被戳破，有一些慣常使用的詞彙被重新定義，以及一些不尋常的觀點被探索。

但是，你不需要盲目地信仰。如我們之前所說的，「瑜伽」要求你去實驗，並且鼓勵你無所畏懼地去實驗。因此，這個部分主要在提供資訊、建議從事的修行和自我觀察的練習之間穿梭。它把一些概念具體化，並且建議一些方法，藉以實施和貫徹這些想法和概念。在這個過程當中，你會發現這些概念是否可行，或它們純粹只是吹噓空談。

針對這些部分的最佳研究取徑是什麼?在「靈性修持」的短文裡提供了各種練習，但你可能不會想要從事每一種練習；這完全是可以的。本書提供各種練習和訣竅，如此你就能夠把注意力集中在自己感興趣的練習上。這些步驟的用意，純粹是在幫助你從書頁過渡到日常生活的事務，並且提供你自由，讓你測試生活實驗室裡的每個假設。這個部分的目標在於，把你從一個消極的讀者、一個了無實際經驗的瑜伽士，轉變成為一個充滿活力的參與者，自由地選擇和有自覺地過著充滿奇妙的生活。

現在該是收起成見，作好準備，以便能無拘無束地探索你這個不可思議之生命的時機。

第二部 身體

瑜伽科學不談論心或靈魂，身體即是一切。
對所有人而言，身體是物質創造裡最私密的部分，
它是一台終極機器，也是我們靈性成長的工具。
如果我們校正身體的幾何結構，便能夠下載整個宇宙。

第一章

身體是一台終極機器

1

對所有人而言，我們的身體是物質創造裡最私密的部分。身體是我們覺知到的第一份禮物，也是一台終極機器。地球上的每個其他的機器，都來自這台終極機器。

如上述所解釋的，瑜伽科學不談論心或靈魂，身體即是一切，不論它是一個食物體、心智體、能量體或極樂體。這個態度含有深刻的智慧，它不讓我們逃避進入迷妄的心理狀態或形而上學的抽象當中。它讓我們腳踏實地地立足於有形世界，帶領我們進入更細微的物質領域，然後漸漸地超越。

身體的設計和結構使其能夠自行運作，而不需要太多的干預。你不需要使心臟跳動，或讓肝臟發揮它錯綜複雜的化學作用，甚或努力去呼吸；身體的一切所需都自行發生。

身體是一個相當完整、自給自足的器具。如果你對機器著迷，那就沒有一個比身體更好的機器了！我們的身體是地球上最精密的機械，它體現了你所能想像的最高深的機械學、最高深的電子學和最高深的精密電子電路學。

例如，今天下午你吃了一根香蕉，到了傍晚時分，這根香蕉已經變成了你。根據達爾文的說法，猴子經過數百萬年的時間才演化成為人類，但你卻能在幾個小時之內，把一根香蕉或一片麵包變成人！顯而易見地，創造之源正在你的內在運作。

你的內在有一個智性在運作，它遠遠超越你邏輯的頭腦，並且可以把一片食物轉化成為最高超的科技之秀。如果你能夠有自覺地（而非不知不覺地）達成那種轉化，如果你能夠把一丁點兒的那種智力帶入日常生活，你就會充滿奇妙地活著，而非痛苦悲慘地活著。

二十世紀印度的神祕主義學家巴薩瓦那（Basavanna）體驗到創造之源在他之內搏動，因而有了身體是一座「移動的寺廟」的著名說法。「我的雙腿是柱子，」巴薩瓦那在南印度神祕主義文學的一篇著名詩歌裡這麼說，「身體是聖龕／頭是金製穹頂……」

第二章

2 「有某種東西，它不喜歡牆」

一個人需要某種程度的覺知，才會看見身體這個極妙的機械的局限性。做為一個機器，身體事實上是完美無誤的，它唯一的問題是，不會帶你到任何地方。它只出於塵土，入於塵土。

這難道還不足以形容它嗎？

內在的兩種基本力量──「保護」和「擴展」

如果你從身體的觀點來看，這已相當足夠，但是有一個超越物質的維度，已經融入這個美妙的機械之中。這個維度即是生命之源，真正地造就如實的我們。

生命是一件事，生命之源卻是另一件事。在每一個生物、每一株植物、每一粒種子之內，這生命之源都在發揮作用。在人類之中，這個生命之源甚至更為明顯。

正是因為此一生命之源，身體所提供的美好禮物在經過一段時間之後，突然都變得不相關且微不足道。正是因為此一生命之源，你和每個其他人似乎時時刻刻都在物質和超越物質的維度之間掙扎。你有身體的衝動，但你也有遠多於身體的意識。

你的內在擁有兩種基本的力量，大多數人視其為兩種衝突的力量。其中一個力量是自保的本能，迫使你在周圍築牆來保護自己；另一個力量是時時想要擴展、想要變成無窮無限的欲望。「保護」和「擴展」這兩種渴望表面上看起來似乎是相互對立的力量，但實際上並非如此。它們和生命的兩個不同面向有關，一個力量幫助你在這個地球上穩穩地扎根；另一個力量則帶你超越。自我保護必須受限於身體的層面。如果你擁有必要的覺知而能夠分別這兩種力量，就不會有所衝突。但如果你認同身體，那麼，這兩種根本的力量非但不會相互合作，反而會成為緊張焦慮之源。

人類所面臨的「物質與靈性」之間的掙扎都源自這種無知。當你說「靈性」時，你談論的是超越物質的層面，人類渴望超越物質的限制，這是人之常情。從有限的身體前進到無限的創造之源，這是靈性修持的基礎。

你今天所構築的自我保護之牆，是明天的自我囚禁之牆。你今天為了保護自己而為生命設下的藩籬，明天將會讓你覺得綁手綁腳。羅伯特．佛洛斯特（Robert Frost, 1874-1963）所寫的文字，捕捉了一個深刻的真諦：「有某種東西，它不喜歡牆。」

你的自保本能一直告訴你：「除非你有牆，否則你就不安全。」你因此而持續不斷地築牆。之後，你和牆展開抗爭，這是一個永無止境的循環。但是，造物並非不願意為你開啟超越之門，你所抗爭的並非造物的不情願，而是你在自己周圍構築的抗拒之牆。

這是為什麼瑜伽這個系統不談論「神」的原因，它也不談論「靈魂」或「天堂」，這種言談總是使人們產生幻覺。瑜伽只談論你設立的屏障，因為我們唯一需要去注意的即是這種抗拒。造物主並不尋求你的注意，綑綁你的繩子和阻礙你的圍牆，百分之百都是你自己造作出來的。你唯一需要做的，即是解繩拆牆。你不需要對生命下工夫，唯一需要處理的是你創造出來的存在物。

從身體中釋放，恩典就會充滿你的生命

如果我要打個比喻，我會並列「地心引力」和「恩典」。就某方面而言，地心引力和人類自我保護的基本本能有關。我們此時此刻因為地心引力而能夠立足於地球上；我們擁有一個身體，也是由於地心引力。地心引力把你往下拉，而恩典則是試圖抬舉你向上的力量。如果你從生命的物質力量中釋放，恩典就會充滿你的生命。

如同地心引力是活躍的，恩典也時時刻刻處於活躍的狀態，而你只不過是需要讓自己與恩典取得連結。面對地心引力，你別無選擇，因為無論如何你都會接觸地心引力。如果你強烈地認同身體和物質，那麼，地心引力就會是你唯一知道的事物。至於恩典，你就必須使自己樂於接受恩典。究竟而言，不論你從事哪種靈修，你都只是努力地讓自己能夠接受恩典。

當你能夠接受恩典時，你突然就會像魔術般神奇地運作著。就好比你是唯一一個

會騎腳踏車的人，那麼在其他人眼中，你就是神奇的；恩典也是如此。其他人可能會認為你很神奇，但是你知道，你只是開始去接受生命的嶄新層面。每個人都可以擁有這種可能性。

靈性修持②

在頭腦裡植樹

你可能已經注意到，當你感覺愉悅時，就想要擴展；當你充滿恐懼時，你想要退縮。試試看這個：坐在一株植物或一棵樹前面幾分鐘。提醒自己，你在吸入樹呼出的空氣，並且呼出樹正在吸入的空氣。即便你尚未親身地覺知到它，也請和植物建立一種心理的連繫。你可以在一天當中重複這麼做數次，經過幾天之後，你將會開始和周圍的一切產生不同的連結，而不會把自己局限於一棵樹。

在艾薩瑜伽中心，我們運用這個簡單的過程，已經在南印度的泰米爾納德邦（Tamil Nadu）發起一項環保的倡議；在此一倡議之下，我們從二〇〇四年起，已經種植了兩千一百萬棵樹木。我們投入數年的時間在人們的頭腦裡植樹，那是最困難的領域！現在，把這些樹木移植到土地上，就容易多了。

第三章

生命感——了知超越感官的生命

3

人類的身體如何理解世界?什麼是它的了知之源?

答案顯而易見:透過五種感官。

感官的認知是局限且不足的

你透過能產生視覺、聽覺、嗅覺、味覺、觸覺等的五種感官所收集的資訊,而認識世界或你自己。如果關閉這些感官,你對世界和自己就會一無所知。

每晚睡覺時,你周圍的人突然消失了,世界消失了,甚至你也消失了。你仍然活著,你周圍的每個人也都活著,但在你的體驗之中,每件事物都蒸發消失了,因為這五種感官已經進入「關閉」的狀態。

感官是局限的,它們只能夠感知物質。如果你的看法和觀點局限於五種感知,那麼,你生命的範疇自然而然地就會局限於物質。此外,感官只會以相對的方式來感知一切。如果我碰觸一個金屬物件,我的手指感覺它是冰冷的,這純粹是因為我的體溫比較溫暖。假設我降低體溫，然後再碰觸金屬物件，我就會覺得它是溫暖的。

感官的感知絕對是人類得以存活的絕妙工具。它們在你出生的那一刻啟動，因為它們是你於外在世界存活所不可或缺的事物。但是如果你所尋求的不只是存活而已，那麼，它們就會是不足的。它們使你對實相產生扭曲的印象，因為在它們的感知當中，它們完全是相對的。

轉心向內，增強如實領受生命的能力

如果你真的有興趣去了知生命的所有深度和維度，那麼，極為重要的是，你必須往內探看，而非向外張望。為什麼？因為生命的本質不在於身體和頭腦之生理或心理的展現，而在於它們的根源。然而，往內探看不會輕易地發生，它需要下工夫，因為你尚未擁有往內探看的感知機制。人類的困境只在於：你的體驗之所在地位於你的內在，但你的感知卻完全是外展的。

這是內外之間產生巨大失聯的原因。你可以看見外在是什麼，但你卻無法看見內在有什麼。即便某個人輕聲耳語，你也能夠聽見，但體內有那麼多的活動上演，卻超出你聽聞的能力。如果有一隻螞蟻在你的皮膚上爬行，你可以立刻感覺到牠，但你體內有那麼多血液在流動，你卻無法感覺到它。你的感官只能夠注意到色、聲、香、味、觸等外在的感受，但所有體驗之源都存在於你的內在。一個外在的刺激或許觸發一個體驗，但體驗的起源一直都是內在的。有時，即便沒有外在的觸發，都可能生起相同的體驗。

基本上，瑜伽的目標在於增強你的體驗，進而使其超越五種感官。有一種層面超越五種感官所感知的範圍，你可以隨心所欲地稱呼這個層面，你可以選擇稱它為「自我」、「神性」或「神」。你完全可以選擇自己所要使用的術語。

即使你不追求神性或自我，「強化你的感知」這件事情仍然扮演一個重要的角色，確保你擁有一種基本程度的幸福。不論你是誰——醫師、警察、工程師、藝術家、家庭主婦或學生，基本上是你的感知品質決定了你多有效率、多成功，以及你能在這個地球上作出多少貢獻。如果你感官的感知擴展超越它目前的界限，就會達成不可思議的結果，並且為你的生命帶來完全嶄新且充滿奇妙的層面。

常見的問題是：「增強我的感知是否非常困難？我是否得退隱到喜馬拉雅山的洞穴裡，才能夠轉心向內？」

完全不是如此。這個可能性並非來自坐在山巔，而是位於你的內在。它一直無法取得的唯一原因是，你太忙碌、太全神貫注於外界發生的事情，或太投入於你的心理戲碼。光是「欠缺觀照」這件事情，就粉碎了人們發掘其內心事物的可能性。

「轉心向內」和念頭、想法、意見或哲學無關，它也和頭腦的心理活動無關。強化你的感知，意味著強化你如實地領受生命的能力。如果你願意每天投入幾分鐘的時間，你就會看見變化。稍微留心觀照你的內在本質，這個簡單的過程將會使你的生命品質產生驚人的轉化。

靈性修持③

帶著覺知進入夢鄉

在入睡之前，開始注意你視為「你自己」的每件事物，例如你的念頭、情緒、頭髮、皮膚、衣服、化妝等等，並且了知所有這一切都不是「你」。你不需要做出任何「你是誰」或「真相是什麼」的結論；真相不是一個結論。如果你能遏制謬誤的結論，真相將會自動浮現。

這有如夜晚，太陽並未消失，只不過是地球正轉向另一個方向。你之所以在思考、閱讀和談論「自我」，那是因為你太忙著往其他方向看！你尚未投入足夠的注意力去了知「自我」真正是什麼。你所需要的不是結論，而是徹底的改變。如果你能夠帶著這種覺知進入夢鄉，將會是一件意義重大的事情。由於在睡眠中沒有外在的干預，因此，這將會成為一個力量強大的體驗。經過一段時間之後，你將會進入一個超越所有的「積聚」(accumulation)的維度。

傾聽生命

4

我們可以透過數個方式來達到住於喜悅和終極合一的狀態。這些方法是多元的，但重要的是，它們之間沒有區別或等級，而且都是透過平衡和整合的方式來達到此一境界。瑜伽完全是不偏不倚的——它運用你這個人的所有面向，而把你帶到最終的目的地。

哈達瑜伽平衡人體日、月兩個層面

就你目前的瞭解而言，身體構成你這個人的絕大部分。哈達瑜伽是一門運用身體來加快你的演進過程的科學。「ha」（哈）代表太陽，「tha」（達）代表月亮，哈達瑜伽是把人體日、月兩個層面帶到平衡狀態的一門科學。

身體有它自己的態度、抗力和性格。例如，你決定「從明天開始，我將在清晨五點起床去散步」。於是你設定鬧鐘。鬧鐘準時響起，你動了動，但你的身體卻抱怨地說：「不要再響了！睡覺。」情況常常如此，不是嗎？因此，哈達瑜伽是一種與身體一起共事的方式，也是一種訓練和淨化身體的方式，使身體準備就緒，以達到更高層次的能量和更勝妙的可能性。

哈達瑜伽不是一種運動。相反地，它是瞭解身體的機制，創造特定的氛圍，然後運用體位來把能量引導或推往特定的方向。這是各種體位的目標，而那種能夠讓你接近自己更崇高本質的體位，即是一種瑜伽體位（yogasana），它是把你的內在幾何構造和宇宙幾何構造相互協調校準的科學。

簡而言之，光是觀察一些人的坐姿，而且如果你認識他們夠久的話，你幾乎能夠知道他們是怎麼回事。如果你觀察自己，你會發現自己生氣時，你以一種方式坐著；開心時，你採取另一種坐姿；沮喪時，你又會採取別的坐姿。相對應於每個不同的意識層次或心理狀態，你的身體自然而然地傾向採取特定的姿勢。體位法的科學則與此相反，如果你刻意地使身體調整到不同的姿勢，你就能夠提升你的意識。

身體可以成為靈性成長的工具，也可以成為一個障礙。假設你身體的某個部位發疼，例如手、腿或背部，當疼痛劇烈時，我們難以嚮往更崇高的事物，因為那疼痛宰制了生活。此時，如果你正在經歷背痛，那麼，背痛就是宇宙中最嚴重的問題。其他人可能無法理解，但對你而言，那是最嚴重的問題。即使神出現在你面前，你也會懇求神讓你的背痛消失！你不會對祂提出任何其他的要求，因為身體對你有這麼大的影響力。如果身體沒有照常運作，它會讓你失去生命的熱望和志向。一旦身體處於痛苦之中，你所有的渴望都會消失無蹤。我們需要擁有極大的力量，才能在體驗痛苦的同時，仍然能夠把目光放在更遠的地方，而大多數人都不具備這種力量。

練習體位法，讓你學習傾聽生命

有無數的人從事簡單的體位法，就遠離了脊椎的問題，進而避免醫師建議施行的手術。藉由從事體位法，你的背部可以回復到極佳的狀態，永遠不再需要去看脊椎指壓治療師了。它不只會讓脊椎變得柔軟靈活，也會使你變得柔軟靈活；一旦你變得柔軟靈活，就會願意傾聽。這和聽某個人講話無關，而是你願意傾聽生命。學習去傾聽，即是智性生活的核心。

重要的作法是，我們必須投入特定的時間和努力，別讓身體成為一個障礙。一個充滿痛苦的身體可能會成為一個障礙，一個衝動的身體也會是如此。單純的衝動，不論是飢餓或性慾，都能夠牢牢地控制你，不讓你把目光放到身體之外的地方。我們很容易就忘記，身體只是你的一部分，別讓身體成為你的全部，這是很重要的一件事情。體位的練習可以把身體降到它本來自然的位置。

當你進入更深刻的冥想層面時，你的能量將會激增，並且開啟更深奧的體驗層面。因此，身體的管道可資傳導是非常重要的，如果阻塞，它就無法運作。所以，在進入更密集形式的冥想之前，使身體充分地準備就緒是非常重要的。哈達瑜伽能確保身體柔和順暢，而且能充滿喜悅地接受激增的能量。

對許多人而言，靈性成長是非常痛苦的經驗，因為他們沒有作好必要的準備。很不幸地，大多數的人類都任憑自己完全地被外在環境所形塑，「成長必定是痛苦的」正漸漸成為一種世界規範和準則。其實，成長可以是充滿喜樂的，但唯有在身體和頭腦準備就緒時才會如此。體位法可以幫助你打下堅實而穩定的基礎，為成長和轉化作好準備。

今日人們學習的哈達瑜伽已不是其傳統的形式，也欠缺原有的完整深度和重要性。你今日看見的瑜伽教室所教導的瑜伽，大多是瑜伽這門科學的身體面向。只教導瑜伽的身體面向，彷如擁有一個死胎，不只效率低，還是個悲劇。如果你想要一個活生生的過程，那麼在教授瑜伽時，就需要包含其他的面向。

從事哈達瑜伽不代表你需要倒立或屏住呼吸，你從事哈達瑜伽的方式，才是關鍵重點。有一次，我親自教導一個為期兩天的哈達瑜伽課程。人們因為這些課程的強度而激動得不知所措，光是做體位法的練習，狂喜的眼淚就傾瀉而下。為什麼這種情況不常發生？這純粹是因為人們在教導哈達瑜伽時，把它當作一個終點，而非當作一個預備的體系。這樣的結果是，儘管哈達瑜伽為今日世界的少數人帶來寧靜和健康，但不幸地，對許多人而言卻是痛苦的馬戲表演。對那些只嚮往寧靜和健康的人而言，這或許是可以的；但如果你想要把瑜伽當作自我轉化的手段，使自己能夠領受超越五種感官之外的可能性，你就需要學習傳統的哈達瑜伽。

從體驗來觀照生命

環顧四周，在你的家人、同事和朋友當中，你是否能看到人們有不同的感知層次？仔細地觀察這個情況。如果在你認識的人當中，有一些人似乎比其他人擁有更明晰的感知，那麼，觀察這些人的身體有什麼樣的行為表現。他們常常不需要練習就能夠顯露出某種程度的泰然自若，而且只需要些微的練習，就會產生巨大的差異。如果在一天當中，你只要背脊挺直地坐幾個小時，你就會看見這個坐姿為你的生活帶來明顯的效果。你也將會開始瞭解我所說的「你的存在的幾何學」的意義。光是你使用身體的方式，就幾乎能夠決定你的一切。

另一個傾聽生命的方式是，從體驗上來觀照生命，而非從智力或情感。選擇關於你自己的任何一件事情，例如你的呼吸、心跳、脈搏或小指頭。你只要一次注意它十一分鐘，一天至少做三次。把注意力放在它的任何感受上，但在此同時，你儘管可以去做手邊正在進行的事情。如果你失去注意力，那也無妨，只要把注意力重新集中即可。這個練習將使你從心的機警敏捷進展到覺知，你將會發現，你的生命體驗的品質開始產生變化。

第五章

身體能下載整個宇宙

5

印度一直到了最近，在每次暴風雨過後，你還得上屋頂去調整電視機的天線，而且要調整到特定的角度，你才能在自家客廳裡「觀天下」。否則，當你在觀賞最喜愛的連續劇或足球賽時，一場暴風雪就會突然出現在電視螢幕上。

身體有如電視的天線，如果你把它握在正確的位置，它就能夠接收生命的一切。如果握的方式不對，你就會對超越五種感官之外的一切一無所知。

另一個比喻是，你的身體有如一個氣壓計或晴雨表。如果你知道如何讀取它、看懂它，它就能夠告訴你關於你和周遭世界的一切。身體從來不會說謊。因此在瑜伽裡，我們學習去信任身體。我們把身體從血、肉、賀爾蒙等一系列的衝動，轉化成為一個有意識的過程——一個力量強大的感知和了知的工具。如果你知道如何讀取身體，它就能夠對你述說你的潛能和局限，甚至你的過去、現在和未來，這就是為什麼基礎的瑜伽是從身體開始著手的原因。

它就是這麼地簡單。你愈熟悉電話或任何其他的小裝置、小玩意兒，你就愈能夠物盡其用。幾年前，手機公司進行一項調查發現，百分之九十七的人只使用電話百分之七的功能。我在這裡所說的電話不是智慧型手機，而是那種「笨」手機！即使是手機這種簡單的小玩意兒，人們也只使用百分之七的功能。

如我們之前所說的，你的身體是一台終極機器，是最先進完美的裝置。你認為你把這台機器用了幾成？

遠不及百分之一！你甚至不需要使用身體百分之一的能力，就能夠在這個物質世界過活，確保你的生存。我們用這個身體來從事各種瑣事，因為此時此刻，我們對生命的整個看法只局限於生命的物質本質；但是，你的身體其實能夠感知整個宇宙。如果你把身體準備妥當，它就能夠領悟生命中的一切，因為發生這個生命上的一切，也以某種方式發生在這個身體上。

所有物質的造物，基本上都是一個完美的幾何結構，沒有幾何結構，就不可能有形體。如果我們校正身體的幾何結構，身體就能夠反映宇宙的更大幾何結構，進而使我們能夠體驗宇宙。換句話說，人類的身體能夠下載整個宇宙。

靈性修持⑤

減緩呼吸，感知一切

採取任何舒適的坐姿，背脊挺直；如果有必要的話，用物品支撐身體。保持靜止不動，並且慢慢地讓你的注意力也變得愈來愈靜止。每天這麼做五至七分鐘，你將會注意到，你的呼吸也減緩下來。

減緩呼吸有什麼重要性？這是某種瑜伽的有氧呼吸嗎？不，不是的。一般而言，一個人每分鐘呼吸十二至十五次，如果你的呼吸安頓在一分鐘十二次，你將會了知地球大氣層運作的方式（你會對氣象變得非常敏感）；如果你可以把一分鐘呼吸的次數減少到九次，你將會懂得地球上其他生物的語言；如果減少到六次，你將會了知地球上的所有語言；如果減少到三次，你將會了知創造之源的語言。

這不是在增加你的有氧量，也不是強迫你減少呼吸。哈達瑜伽結合一種被稱為「克里亞」（kriya）的高級瑜伽，將逐漸地增加你的肺活量，但最重要的是，它們將幫助你達到某種程度的協調、一種特定的輕安，進而使你的身體演進到一種穩定的狀態，沒有干擾，沒有噪音，只是純粹地感知一切。

高度的靜止

就邏輯而言，一個在任何事情上從來不費心努力的人，應該是精通「無須費力」（effortlessness）的大師，但事實並非如此。如果你想要了知「無須費力」，你就需要去認識什麼是「努力」（effort）。當你達到「努力」的巔峰時，你就變得「無須費力」

了。唯有知道什麼是「工作」的人，才瞭解什麼是「休息」。矛盾的是，那些總是在休息的人，反而不知道什麼是休息，他們只是陷入懶惰和消沉。這是生活的方式。

對俄羅斯的芭蕾舞蹈家尼金斯基（Nijinsky）而言，舞蹈就是他的生命。有時，他會跳躍到人類似乎不可能達到的高度。即便一個人的肌肉處於巔峰狀態，他能夠跳的高度仍然有限，但在某些瞬間，尼金斯基甚至似乎超越那個上限。

人們常常問他：「你是怎麼做到的？」

他說：「我永遠無法辦到。唯有當尼金斯基不在那裡的時候，它才會發生。」

當一個人時時刻刻都在百分之百地付出時，就會在某個時刻超越所有的局限，而達到全然的「無須費力」。「無須費力」並不表示你一整天看電視而不做事，而是指超越身體行動的需求。唯有當你能夠超越極限，並且維持「努力」的巔峰，你才會達到「無須費力」的境界。今日有些人聲稱，他們想要選擇禪宗作為靈修的道路，因為他們認為，「禪」意味著「什麼事也不做」！事實上，「禪」涉及了大量的活動，因為它完全沒有脫離於生活。例如，一個禪僧可能會投入數星期的時間，只為了安排布置禪意花園裡的卵石。在從事這樣的活動時，你達到「無作」（non-doing）的狀態，超越了身為「做者」（doer）的體驗。就是在這樣的狀態之中，你品嘗了「超越」的滋味。

如果你像尼金斯基和許多其他人那般，透過密集劇烈的活動而達到這種狀態，你將永遠都會把那些時刻珍視為神奇的時刻。但是如果你是透過高度的「靜止」

（inactivity）而達到相同的狀態，那麼，它就是一個瑜伽體位，而且也是一個更為持久的狀態。

禪那（梵 dhyana；meditativeness）是你把自己推向最極限的強度，而且置身此一強度一段時間之後，就不需要努力了。此時，冥想將不是一種行為，而是你所達到的那種強度的自然結果，你可以只是純粹地存在著。正是在這些完全非強制性的存在狀態之中，我們創造了必要的氛圍，使人們成為一個宇宙的可能性得以綻放出來。

如果社會和個人繼續讓每個剎那消逝，而不為這樣的可能性創造氛圍，那麼，我們就浪費了一個巨大的可能性。人們之所以幼稚地大談天堂和天堂的歡悅，完全是因為我們尚未探索身而為人的無限可能。如果你充滿人性，神性將會隨之而來，並且為你服務；它別無選擇。

第六章

地球的一小部分

6

以身體感受周遭的一切

如瑜伽提醒我們的，你的身體是食物體，只是一堆你消化吸收的營養，而你所攝取的食物，最後也只是大地。你只是地球上袒露出來的一小部分，卻趾高氣揚地宣稱自己是一個自主的本體。但由於你是大地的一個小延伸物，因此，發生在這個星球上的一切，也會以有些微妙或有時不那麼微妙的方式發生在你身上。

這個地球是太陽系這個更大天體的一部分，無論太陽系發生了什麼事情，都會影響地球；而太陽系又是宇宙這個更大天體的一部分。或許現在這已經超過了你感知的範圍，但因為你的身體只是地球的一小部分，因此宇宙的任何一部分所發生的一切，也都會發生在你身上！

這聽起來似乎不可思議，但如果你用一種特定的方式來維繫身體，你將會覺知到地球和宇宙的細微變化。一旦你變得更敏銳，你的整個身體就會感受到周遭所發生的一切。如果你多花一些時間去注意地球的運作方式，這種敏銳度將會大幅提升。

我曾經有幾年住在一座農場上。在當地的村莊裡，有一個男人名叫奇克果達（Chikkegowda），他因耳背而幾乎聽不見，所以無法與人應答，而人們也因此以為他是一個傻子。村人排斥他，並常奚落嘲弄他。我雇用他在農場上工作，他是一個很好的夥伴，因為我不特別喜歡講話，而他因為聽不見而無法說話，所以，一切都沒問題！那年頭，還沒有拖曳機，農場生活不外乎閹牛和犁田。有一天，在清晨四點，我突然看見他正在準備犁具。

我問他：「怎麼回事？」

他說：「先生，我正準備要犁田。」

我說：「你要犁什麼？又沒有下雨。」

他說：「今天會下雨。」

我仰望天空，萬里無雲。我說：「胡說八道！哪來的雨？」

他說：「先生，我沒有胡說，今天會下雨。」

那天果然下雨了。

在此之後，我日日夜夜地坐著，苦思我為什麼無法感受到這個男人能夠感受到的東西？我坐著，把手舉在不同的位置，試著去感覺濕氣和溫度，試著去解讀天空。我閱讀了各種關於氣象學的書籍，但我覺得我四處碰壁，不得其解。但是當我仔細地觀察自己的身體和周遭的事物之後，我發現了大多數人所犯下的最根本錯誤——我們把構成身體的成分，例如地、水、空氣和食物等等，都視為物質，而非生命過程的必要組成部分。

在堅持不懈了十八個月之後，我終於有所領悟。現在如果我說天即將要下雨，就有百分之九十五的機率會下雨。這不是占星學或魔術，而是一個推測，這個推測的基礎是細緻入微地觀察一個完全不同層次的人體，以及它和地球、空氣和周遭每一件事物之間持續不斷的互動。如果今天要下雨，你的身體也會出現些許變化。大多數的都市人不會有所感覺，但世界各地的眾多鄉村居民確實會有感覺。大多數的昆蟲、鳥類和動物都能感覺到它，樹木肯定也都知道。

善用自然現象或轉心向內，踏上靈性的旅程

古人認識到這個星球體系內的微小變化，並試圖善用這些變化，這麼做不只是為了自身的幸福，也為了達到超越。地球的磁赤道行經印度，數千年以前，瑜伽士們準確地定出磁赤道的確切位置，並且基於非常特殊的理由而沿著這個區域建造一整串的寺廟。其中最著名的寺廟之一是南印度的千丹巴讓廟（Chidambaram），它是為了那些追求靈性合一的人所設立。在興建的時期，它正好坐落在磁赤道上，但從那時開始，它的位置已經偏移。

在過去的幾個世紀以來，當地球處於特定的位置時，許多靈修者都會聚集在千丹巴讓廟。在這座寺廟裡，瑜伽之父帕坦伽利把一座聖龕加持聖化為「空」（shoonya）。

按照字面翻譯，「shoonya」是「空」或「零」。這不僅僅只是象徵主義。在磁赤道上，沒有往南或往北的拉扯，也完全沒有磁力，這使得靈修者的生命達到某種程度的平衡和平靜。這種平靜可以是一個力量強大的工具，使人從物質世界的限制中解脫。磁赤道這個區域因此而成為靈修者的理想地理位置。（重要的是，磁赤道不同於地理位置上的赤道。）

千丹巴讓廟的另一個重要性在於，它恰巧位於緯度十一度上。在興建該廟時，磁赤道和緯度十一度匯合，這是一個稀有罕見的重要事件。這個位置的重要性何在？地球在這個緯度的傾斜角度，使得離心力幾乎呈垂直的方向，進而把能量經由人類的生理系統而往上推。這表示，大自然協助靈修者達成靈性旅程的目標——人的能量的上升。對靈修者來說，這是一個極大鼓勵之源，因此這整個區域被視為聖地。（南印度的艾薩瑜伽中心正好坐落於緯度十一度上，這並非偶然。）

上述的靈性體系善用自然現象，以支持人類的靈性成長。另一個冥想或轉心向內的體系則完全忽略在造物之內所產生的變化，而把焦點完全集中於內在的旅程。我們可以透過這兩個根本的途徑而踏上靈性的旅程：你可以慢慢地、按部就班地接受所有可得的和大自然提供的協助；或者你可以忽略所有的步驟，往內跳躍。後者必須從外在的生活情境隱退，前者則必須涉入外在的生活情境。每個人都可以自由地選擇適合自己性情的道路，但有鑑於我們所處的時代，於兩者之間取得平衡，通常是最佳的作法。

身體接觸大地

身體在接觸大地的那一個剎那，就會有所回應。因此在印度，從事靈修的人都打赤腳走路，並總是採取一種能夠以最大面積接觸地面的姿勢坐在地上。這種作法給予身體一個強烈的、經驗上的提醒，提醒它只是大地的一部分。

身體永遠都不能忘記它的起源。當它被容許忘記其起源時，便常常開始提出稀奇的要求；當它常常被提醒自己的起源時，它就會安分守己。身體與大地接觸，是身體與其源頭的重新連結，這是非常重要的。這使得身體恢復穩定，增強人類大幅恢復活力的能力。這解釋了為什麼有那麼多人聲稱，光是從事諸如園藝等簡單的戶外活動，就能讓他們的生活產生神奇轉化的原因。

今日，諸如人行道等鋪築過的路面、多層的建築結構，甚或穿著高跟鞋這個廣為流行的趨勢，都是眾多人造措施的一部分。這些人造措施使我們疏遠大地，劃分了部分和整體，並且束縛了基本的生命過程。這種疏離展現為大規模的自體免疫系統紊亂和慢性過敏等症狀。

如果你很容易生病，你可以嘗試睡在地板上（或在你和地板之間放置極少的、有機的區隔物），你將會發現這會大大地改變你容易生病的傾向；你也可以嘗試坐在更靠近地面的地方。此外，如果你找到一棵生氣勃勃、枝繁葉茂或花朵盛放的樹木，那麼花一點時間和它相處。如果可能的話，在那棵樹下享用早餐或午餐。當你坐在樹下時，提醒自己：「這片大地是我的身體，這個身體取自大地，也歸於大地。我請求大地之母扶養我、包容支撐我，並且使我保持健康。」你將會發現身體復原的能力會大大地增強。

或者如果你已經把所有的樹木都製成了家具，那麼，就收集一些新鮮的土壤，覆蓋你的雙腳和雙手二十至三十分鐘，此舉也能幫助你顯著地恢復健康。

第七章

與太陽同步脈動

7

許多已經練習瑜伽或多少知道瑜伽的人都熟悉拜日式（surya namaskar）這一系列的體位。一般而言，人們把拜日式理解為一種運動，其他人則帶著些許懷疑地視其為某種崇拜太陽的形式。但事實上，它既不是一種運動，也不是一種拜日的形式。是的，它肯定能夠強健你的脊椎、肌肉等等，但那不是拜日式的目標。

那麼，這個常常被人們視為禮拜太陽的體位到底有什麼重要性？

拜日式有助於平衡和重組內在的太陽能量

首先，它完全不是一種禮拜。它的字義是指安排組織你內在的太陽能量，而其中的基礎邏輯是，這個地球上的所有生命都是以太陽能為能量。太陽是地球的生命之源，在你所吃、所喝、所呼吸的每一件事物當中，都有太陽的元素。唯有當你知道如何更有效率地「消化吸收」太陽，把它內化，把它融入你的身體，你才會真正地從這個過程中受益。

那些規律地做拜日式的人發現，他們的「電池」更為持久，比較不需要重新充電或補充電力。此外，就左、右或日、月的層面而言，拜日式有助於平衡和重組內在能量，進而使身心達到與生俱來的均衡和寧靜，而這可以是一個人日常生活的重大資產。

如我之前所提及的，在我年幼時，每天早晨母親都得強迫我從睡眠中醒來，然而從我開始練習瑜伽，身體每天就在特定的時間毫不費力地自然甦醒。因為這樣做之後遠比以前有更多的安適平靜，生命於焉開展。

在本質上，拜日式是在你的內在構築一個維度，使得身體的循環週期和太陽的循環週期同步；太陽的運作大約以十二年又三個月為一循環。拜日式有十二式並非偶然，而是刻意安排組織的結果。如果你的身體系統在某個層次上活力充沛、準備就緒，並且具有高度的接受力，那麼，身體的循環週期就會自然而然地與太陽的循環週期同步。

年輕女性具有一項優勢，因為她們也與月亮的循環週期同步，但許多年輕女子卻把此一優勢視為詛咒。你的身體同時與日、月兩個循環週期相連結，這是一個絕妙的可能性。大自然賦予女人這個優勢，因為她身負繁衍人類的責任。女人被賦予額外的特權，但不幸的是，我們的社會一直把這些特權視為不利的因素。人們不知道如何處理在月亮循環週期所產生的「紅利」能量，因而把它視為一種詛咒，甚至視為一種瘋狂。如我們所知的，「lunatic」（瘋癲的）這個字是從「lunar」（月亮的）衍生而來。

身體是一個通往更高可能性的絕妙墊腳石，但對大多數人而言，它卻是一個路障，身體的強烈衝動不容許他們向前邁進。拜日式可以維持身體的平衡和接受力，使身體成為一項優勢，而不再是一個障礙。

月經週期是最短的週期，大約二十八天為一循環，而太陽的循環週期則超越十二年；在月亮和太陽的循環週期之間，有許多其他種類的循環週期。「循環週期」（cyclical）一詞意味著「重複」，也表示於原地迴轉。在某個層次上，「重複」意味著衝動，而衝動則暗示了某件事情不是出於意識而為。

任何有形的物質，從原子到宇宙，都是循環的。你要不是駕馭循環，就是被循環壓垮。瑜伽練習的目標總是在於使你能夠駕馭循環，進而使你擁有適當意識的根基。

拜日式能讓人脫離生活的衝動模式

我們必須記得，循環的活動或系統的重複本質——在傳統上，我們稱之為輪迴（samsara），它提供了成就生命所需的穩定性。如果每件事物都是隨機的，就不可能提供一台成就生命的穩定機器。對於太陽系和個人而言，深植於循環的本質之中，賦予了生命一種穩健和堅定。「循環」是物質世界的本質。

一旦生命達到人類已經成就的演化層次時，人自然而然地就不只是嚮往穩定，也會嚮往超越。現在，每個人都可以決定是否要繼續受困在這個輪迴之中，還是運用這些循環週期來獲得身體的安樂，或最後徹底地超越輪迴。

如果你是衝動的，你將會看見自己生命中的處境、經驗、思想和情感也都處於循環週期當中。它們取決於你衝動的程度，每隔六或十八個月、三年或六年，就會回到你的面前。如果你回顧人生，就會注意到這個循環。如果它們每十二年回來一次，就表示你的系統處於高度接收和平衡的狀態。

拜日式是一個能夠使這種狀態發生的重要方法。在基本且初步的層次上，它是一套完整的身體鍛鍊，一套全面的練習，而且不需要任何儀器。但最重要的是，它是一個重要的工具，可以賦予人類力量，脫離生活的衝動模式。

這個練習有不同的變化形式，取決於個人想要達到的目標。有些人嚮往強健的肌肉，可以練習一個名為「蘇里亞夏克提」（surya shakti）的基本方法。如果人們經由此一練習而達到某種程度的穩定和對身體的掌控，就可以學習一個力量更強大、在靈修上更意味深長的方法，稱為「蘇里亞克里亞」（surya kriya）。拜日式可以平衡人體內的日、月（或陰、陽）兩個層面，蘇里亞克里亞則連結這兩個基本的部分，以達到進一步的靈性成長。

傳奇的瑜伽士

當我還是個十來歲的小伙子時，我遇見瑜伽大師拉哈文達．拉奧（Raghavendra Rao）。從世俗的標準來看，他過著會被一般人視為超人的生活。他是眾所周知的瑪拉迪哈利大師，因為他來自南印度卡納塔克邦（Karnataka）的瑪拉迪哈利村。

他以一天做一千零八回拜日式而聞名。後來，在九十歲時，他把數目降到一百零八回（不是因為他做不了一千零八回，而是因為沒有時間）。那是他的靈修。

除了身為瑜伽大師之外，他是一個絕佳的阿育吠陀（Ayurveda，印度傳統生命醫學）醫師，也是少數幾個經脈醫師（nadi vaidyas）之一，也就是藉由感覺你的脈搏來診斷疾病的傳統醫師。他不只會告訴你今天你得了什麼病，也能夠預測在接下來的十年或十五年內，你可能會罹患什麼疾病，並且教導必要的療法。一星期一天，他會在他的靜修中心（ashram）擔任阿育吠陀醫師。不論他置身何處，他都會在星期天傍晚返回靜修中心，以便在星期一早晨開始看診。如果他在清晨四點開始坐下看診，他會一直坐在那裡，直到晚上七、八點才結束。志工會輪班進來幫忙，但他自己則一整天都坐在那裡。他會對每個前來的病人說一個笑話，讓人們忘了自己是前來看診的。那個場景比較像是一個節慶，而不像是醫師和病人之間的互動。

大約在他八十三歲那年，發生了一件事情。在某個星期天的深夜，他和兩位同伴在距離靜修中心四十六英里外的一個火車站，發現鐵路員工罷工了，這意味著沒有火車和其他交通運輸工具可以搭乘。他是那麼地看重自己對工作的承諾，於是把兩位同伴留在月台上，連夜在鐵軌道上奔跑了四十六英里。

清晨四點，他已經抵達靜修中心，準備開始治療病患。靜修中心的人甚至不知道他是一路跑回來的，直到他的兩位朋友也抵達中心，訴說原委之後，其他人才知道大師的事蹟！他就是活得這麼不可思議。他活到一百零六歲，一直教導瑜伽直到去世。

第八章

元素的惡作劇

8

五種元素構成身體和宇宙

生命是一場只有五種成分組成的遊戲，即便是一片披薩也需要更多的材料！在瑜伽當中，人類的身體和宇宙都奠基在只有五種元素構成的魔術上，這五種元素分別是地、水、火、風（空氣）和空（空間）。這麼一個錯綜複雜得驚人的現象，就只有五個變數！那些了悟的人常常說生命是一個宇宙的大笑話，這一點也不令人感到驚訝。

有一次，我在午夜過後開車前往山間。當我朝著山前進時，我看見幾乎半座山都陷在熊熊烈火當中！我從來不是一個畏避危險的人，因此我繼續往前開。儘管如此，我依然小心謹慎，因為我知道車子油箱裡裝滿了燃油，而且小女兒坐在後座。山間霧氣瀰漫，我愈往上開，那火似乎離得愈遠。然後我意識到，雖然我從山下看見的整個地帶似乎都在火海當中，但當我進入這個地帶時，卻什麼火也沒有。

當我抵達起火的現場時，我看見一台拋錨的卡車，司機和其他兩個人生了小火來祛寒。當霧氣形成為露珠之際，空氣中的百萬個露珠都變成像一面稜鏡那般，把小火製造成一場大火災這樣不可思議的幻相。從山下往上看，彷彿整座山都在烈火當中！這個事件令我震驚不已。

造物就是如此地被極度地放大，那些仔細入微地檢視自己內在的人了悟到，他們沒有必要去看宏觀的版本。整個宇宙只是內在發生的小小事件的放大投射，只是五大元素的把戲。光是這五大元素，就可以創造出一個生氣勃勃的人！

掌控五大元素，了知與宇宙合一的喜樂

你的欲望或許是個人的，也或許是普世的，但不論你是想要徹底實現這個人類機制的潛能，或想要與更大的宇宙機制融合，你都必須知道如何掌控這五大元素。沒有這種掌控，你既不會明白身而為人的愉悅，也不會了知與宇宙合一的喜樂。

不論身體是你通往幸福道路上的墊腳石或障礙，基本上都取決於你掌控這五大元素的程度。如果它們彼此不合作，任何具有意義的事情都不會發生在你身上。如果它們通力合作，你的生命——從最基本到最崇高的面向——會突然變成一個巨大的可能性。

身體有如一個出入口，如果你總是面對關閉的門，那麼對你而言，門就意味著是一個障礙。如果門總是為你開啟，那麼，門就是一個可能性。有人說，一分鐘有多長，基本上取決於你在廁所門的哪一邊！那些在廁所內的人說：「一分鐘就好，我快

好了。」但對於在廁所外的人而言，那一分鐘彷彿永恆！

就某方面而言，世界上的每一種靈修都與組織這五大元素有關。在瑜伽的系統裡，最根本的練習是「元素淨化」（bhuta shuddhi），即淨化身體內的五大元素，使它們能夠和諧地共事。基本上，所有的瑜伽修行都源自淨化這些元素。事實上，「記憶」是個人存在的基礎，而記憶則深入這五大元素之中。由於心理的、基因遺傳的、演化的和「業」的記憶之故，具有衝動傾向的元素滲透進入個人之中。因此，淨化這些元素有助於在個人和宇宙之間帶來一種絕對的和諧感。（在之後的章節裡，我們將長篇幅地檢視「記憶」所扮演的角色。）

當你的瑜伽修行達到一種熟稔專精的層次時，你便達到了「元素成就」（bhuta siddhi）的境界，或掌控五大元素的境界。在有了這種掌控之後，生命會豁然開展，財富、幸福、明晰和覺悟等所有這一切，都將呈現在你眼前。

自由和束縛都由五大元素決定

因此，不論你把生命體驗為一種奇妙的可能性或一大障礙，都取決於你和這五大元素共同合作的程度，自由和束縛兩者都由五大元素決定。這個使你受困於其中的生命，也是那個扶養支持你的生命，這是生命過程的自相矛盾。愛與恨、自由與束縛、生與死，全都彼此包含。如果它們是分別獨立的，就不會有問題，你可以應付它們。

但是問題在於，它們糾纏不清，無法擺脫彼此。如果你試著逃避生命，你最後只會落到避免死亡的下場！

在古代的印度，有一些高級妓女精通誘惑的藝術。她們穿戴製作精巧、看似無法從身上移除的珠寶，滿身都是飾品。如果你要一一取下這些珠寶配飾，得花上好長一段時間。慾火中燒的男人想要剝光女人身上的衣服，卻徒勞無功。女人會一直鼓勵男人多喝點酒——再喝一點，再喝一點，再喝一點。當男人變得兩眼昏花時，剝光女人衣服的這個任務就變得更難了。最後，他很快地就沈沈入睡，鼾聲大作。其實只有一根別針，只要拉下這根別針，女人身上的一切就會褪下，而這個把戲只有她知道。

生命有點像是如此。它是一張錯綜複雜的網，但卻有一只簡單的別針，而這個別針即是你的身分認同。五大元素的把戲是高度進化且錯綜複雜的，而你有限的身分認同和角色，則是開啟自由之鑰。如果你把自己完全抽離，它就會崩潰瓦解，而你也就自由了。如果你知道如何從中脫身，生命的錯綜複雜就會瓦解，一切因此而獲得安頓，你也會突然擁有與生命完美調和的天真純樸。

以虔敬的心對待五大元素

如果你想要改善身體的健康和基本結構，最簡單的作法就是懷著虔誠和敬重的心來對待五大元素。只要試著這麼做即可，每當你刻意地接觸任何一種元素時（在你生命的每一個時刻，你都在接觸五大元素），刻意地用你所認為最終極或最崇高的事物來指稱它，不論它是濕婆（Shiva）、羅摩（Rama）、克里希那（Krishna）、上帝、阿拉，甚或馬克斯！

此時，你是一個精神上的存在，你的頭腦充斥著階級制度，而這個過程將解決階級制度的問題。經過一段時間之後，語言、文字會消失，但你會立即看見其中的變化，你生命中真正覺察的時刻會因此而增加。你呼吸的空氣、攝取的食物、飲用的水、行走的土地，以及支撐你的空間，每一個都提供你神聖的可能性。

奉祀五大元素

在南印度，人們為五大元素的每一大元素建造寺廟。這五座寺廟不是為了膜拜而興建，而是為了促進特定種類的靈修。

為了淨化水元素，你會前往一座特定的寺廟，從事某一種修行。為了淨化風元素，你會前往另一座寺廟。人們因此而為五大元素建造了這五座美妙的寺廟，並且注入特定的能量，藉以支持特定種類的靈修。在傳統上，瑜伽士會從一座寺廟旅行至另一座寺廟，領受修行的教導，使他們能夠掌控五大元素，達到療癒、安樂，甚至超越的境界。

這五座寺廟各自發揮其體系的功能，這是一項非凡的技術，那些知道適當靈修法門的人可以加以善用。那些不知道修行法門的人，光是居住在那個區域，也能夠從中受益。這五座寺廟仍然存在，甚至連那些不瞭解其能量之重要性的人，都讚歎其建築的莊嚴宏偉。

第九章

肚子裡滿是糞便時

9

從前，有一天在宮廷內，阿克巴王（Akbar）問：「你們認為，什麼能夠為一個人帶來最大的快樂？」

回應聲四起，其中一位朝臣說：「大王，服侍神是最大的快樂。」

在帝王身邊，總是有各式各樣的奉承諂媚。於是另一位臣子說：「喔，大王！服侍您是我所能夠想像的最大快樂！」

第三位朝臣說：「光是凝視您的龍顏，就是終極的喜悅！」

於是，各種誇張的言詞滔滔不絕地湧出。這時，智者比巴爾（Birbal）只是索然無趣地坐在那裡。

阿克巴王問：「比巴爾，你為什麼那麼安靜？是什麼為你帶來最大的快樂？」

比巴爾說：「大便。」

阿克巴王原本一直為了所有這些奉承崇拜的花言巧語而心花怒放，飄飄欲仙，但現在卻因為比巴爾的回答而發怒。他說：「你在宮廷內如此口出穢言，你最好能夠證明所言不虛。如果無法證明，你的生命就危在旦夕。」

比巴爾說：「大王！請給我兩星期的時間，我會證明給您看。」

阿克巴王說：「好。」

下個週末，比巴爾為阿克巴王安排了一場狩獵之旅，他們前往森林，並且確定王宮內的所有女眾都一起隨行。他負責紮營，並且把阿克巴王的帳篷設在中央，四周圍繞著家人、女眾和孩童的帳篷。他囑咐廚子們烹調最美味的食物，廚子們製作了上等的美味佳餚，而阿克巴王也吃得津津有味。畢竟，他是在度假。

隔天早晨，阿克巴王起身走出帳篷，但他沒有看見廁所帳篷。他回到帳篷內，來回踱步，肚子內的壓力漸漸累積。他試圖走進森林中如廁，但比巴爾確定女眾們散布各地。

壓力分分秒秒地累積，大約到了正午時分，阿克巴王再也無法忍耐下去，他覺得自己快要爆炸了。而把這一切看在眼裡的比巴爾卻不停地走來走去，喃喃自語：「廁所帳篷，搭哪裡好呢？搭哪裡好呢？」他簡直是在製造迷惑，然後再把時間拖延久一點。

阿克巴王肚子裡滿是糞便，就在他快憋不住時，廁所帳篷搭好了。阿克巴王衝進帳篷，發出如釋重負的呻吟。此時，在帳篷外等待的比巴爾問道：「你現在同意我的觀點了嗎？」

阿克巴王說：「這確實是最大的快樂。」

釋放你內在無法再承受的重負，這向來都是最大的快樂，不是嗎？不論那是什麼！

因此，身體可能會成為一個問題，一個很大的問題，一個阻擋在你和你享受人生之間的阻礙。

如果你想要用一種特定的方式來維繫身體，重要的作法是留意與食物、睡眠和性生活有關的各種身體活動。在接下來的書頁當中，我們將一一檢視。

靈性修持⑧

注意飲食的方式

切勿整天吃個不停，這點很重要。如果你不到三十歲，一天三餐是合宜的。如果你超過三十歲，最好減少到一天兩餐。我們的身體和大腦只有在空腹時，才會發揮最佳的狀態。

因此，注意你飲食的方式，在兩小時又三十分鐘之內，你吃下的食物必須離開胃部，在十二至十八個小時之內，必須完全排出體外。藉由這個簡單的覺知，你將會體驗到更多的能量、敏捷和機警。不論你如何選擇運用它，這些都是構成成功人生的必備要素。

第十章

以食物作為燃料

10

飲食的方式決定你思惟和體驗人生的方式

你的身體只是食物的累積。瑜伽注重食物，因為你吃進身體的食物種類，會對你所建造的身體類型造成巨大的影響。在吃什麼、如何吃以及何時進食的背後，有一整門瑜伽的科學。你吃下肚的東西，決定了身體的品質和舒適程度。

你準備要讓這個身體跑得像獵豹那般迅捷嗎？或你準備要讓它負重兩百磅嗎？或你準備要讓它有利於更高深的冥想可能性嗎？你需要吃正確種類的食物，而這取決於你的傾向和你對人生的期望。

你飲食的方式不只決定你的身體健康，也決定你思惟、感受和體驗人生的方式。更明智地進食，即是瞭解這個身體需要哪種燃料，並且相應地提供補給，如此它就能夠發揮最佳的功能。

例如，你買了一台以汽油為燃料的車，但你卻加了柴油。它可能仍然可以到處開，但卻不會發揮最大的性能，其使用壽命也會大幅降低。同樣地，如果我們不瞭解這個身體需要哪一種燃料，如果我們不管不顧地把盤子裡的食物全都勉強吃下肚，身體肯定不會發揮最大的效力，其壽命也可能會嚴重地受損。如果你想要獲得特定水準的服務，燃料和機器的相容性是非常重要的。

欲吃何種食物，要問你的身體而不是舌頭

真正適合人體的是哪一種類型的食物？

你吃某種食物時，身體會感到愉悅；吃其他種類的食物時，身體卻變得遲鈍且無精打采，睡眠量也因此而增加。如果你一天睡八個小時，而且活到一百歲，那麼，你花在睡覺上的時間就佔了三分之一！另外百分之三十至四十的時間則用來飲食、如廁和沐浴，真正用來生活的時間就變得微乎其微！

你為了獲得能量而進食，但在飽餐一頓之後，你會覺得活力充沛，還是無精打采？這取決於你所吃食物的品質，你首先會覺得無精打采，然後慢慢地開始覺得活力旺盛。

為何會如此？

一方面是你的身體無法消化熟食，它需要特定的酵素（酶）才能進行消化。消化過程所需的所有酵素不只單單存在於體內，你所吃的食物也包含這些酵素。一般而

言，在烹煮食物時，大約會有百分之八十至九十的酵素遭到破壞，因此身體就得奮力去重組這些被破壞的酵素。但是，經過烹煮而被破壞的酵素卻永遠無法完全被重組。因此，對大多數的人而言，他們所吃的食物大約有百分之五十變成廢物。

另一個方面是身體所承受的壓力。身體必須處理所有這些食物，以獲得少量的能量來從事日常活動。如果我們吃了含有必要酵素的食物，身體的運作將達到完全不同層次的效率，而食物轉換成為能量的比率也會大不相同。攝取天然、未經烹煮且細胞仍然鮮活的食物，將為身體帶來健康和活力。

我們可以輕易地加以實驗，而不需要問你的醫師、營養師或瑜伽老師。在談到食物時，它關乎身體，所以得問你的身體，哪種食物讓它最舒服，而不是問你的舌頭。身體覺得最舒服的食物，總是理想的食物。你必須學習去傾聽身體，隨著身體覺知力的提升，你甚至不需要把食物放進嘴裡，就會知道某種食物會對你造成什麼影響。你可以發展出這種高度的敏感，只要注視或碰觸食物，就足以讓你知道它可能會對身體造成的衝擊。

瞭解食物在體內如何運作

你可以如此實驗：盡可能地為自己準備一頓最美味的餐點，接著為了某件事情而發怒，詛咒整個世界，然後吃下這些食物。你將會看見那一天，食物在你體內的運作。在下一餐，懷著敬意對待這滋養生命的食物，然後懷著崇敬之心享用它。你將會瞭解，它在你的體內是如何地運作。(當然，如果你是明智的，就會忽略第一個實驗，只做第二個實驗！)

大多數人可以把他們的攝食量減少至三分之一，而且會變得更有活力，同時體重不會下滑。這個問題只取決於你已經在內在創造了多大的感受度和接受度，你的身體也會隨著這感受度而領受多少量的食物。如果你攝取百分之三十的食物，而仍然能夠從事等量的工作，維持所有的身體運作，那肯定表示你正在操作一台更有效率的機器。

種子的內涵

所有的種子都具有極大的生命能量價值，因為它們代表濃縮的生命。此外，它們也具有極大的營養價值。你所稱的堅果，基本上只是一粒種子，而種子是一個美好的可能性。種子是一株植物生命的未來，一粒種子可以使整個地球綠意盎然。因此，攝食種子可以在眾多層次上大幅增長人類的健康。

盡可能長時間地把你想要攝取的種子浸泡在水裡六至八個小時，特別如果它們是乾燥的堅果。所有的種子都具有特定的天然化學自我保護。把種子浸泡水中，可以逼出這些有毒物質，帶到種子表面，而剝除表皮後，便可以去除這些有毒物質。此外，浸泡有助於降低濃縮蛋白質的含量，濃縮蛋白質有時會使得種子難以消化。

第十一章

地獄般的廚房

11

基於身體的根本構造而進食

素食主義者和非素食主義者之間的辯論持續不斷，人們常常問我何者為佳。素食主義者常常表現得自命不凡，覺得自己在道德上高人一等，而非素食主義者常常宣稱他們更強健、更精力充沛，並且樂意把地球上所有的物種納入他們的菜單之中。在選擇食物的基礎上，偉大的哲理因此而發展。

在瑜伽裡，我們所吃的食物與宗教、哲學、精神或道德完全無關。唯一的問題僅僅在於，食物是否和我們所擁有的身體類型相容。

這種相容性取決於各種不同的結果和目標。如果體型壯碩是你最大的抱負，你就得攝取特定種類的食物。如果你希望身體可以支持特定程度的智力，或具有特定程度的機警、覺知和敏捷，就必須攝取其他種類的食物。如果你不會只安於健康和生活樂趣，而希望身體具有足夠的感知力，能下載宇宙的訊息，你將需要採取非常不同的飲食方式。你必須依照你渴望達成的目標而如法地管理自己的飲食，或如果你渴望所有這些層面，你就必須尋找一種適當的平衡。

姑且不論我們的個人目標和渴望是什麼，想想這個身體需要哪一種燃料？這是所有人都必須先關注的事情，之後才能談論改變和調整飲食。如果這純粹只是基本的生存問題，那麼，請隨心所欲地去吃；但一旦我們解決了生存的問題之後，就會有所選擇。重要的是，你要有意識地進食，那就是進食時，是受到身體的根本構造所帶領，而非被舌頭的衝動牽著鼻子走。

草食性和肉食性動物構造上的差異

在動物世界裡，你可以把動物大致地區分為以蔬菜為食的草食性動物，以及以肉或獵取其他動物為食的肉食性動物，這兩類動物的身體設計和構造有根本上的差異。既然食物是我們關注的焦點，就讓我們探索這兩類動物的消化系統。整個消化道是從嘴唇開始，到肛門結束。如果你行經這個消化道，你會發現草食性動物和肉食性動物之間有一些非常根本的差異。讓我們思量幾個重點。

第一，你會發現，肉食性動物的口腔只能行使切斷食物的動作，而草食性動物則能夠發揮切斷和碾磨的功能。我們人類既可切斷食物，也可碾磨食物。

為什麼會有這種構造上的差異？

假設你吃一口生米，並且把它留在口中一分鐘或更長的時間，你將會注意到生米變甜了。這是因為碳水化合物經由你口水中的唾液澱粉酶這種酵素，而逐漸地在你口中轉換為糖；這是消化過程的重要部分。所有草食性動物的唾液裡都有唾液澱粉酶，但肉食性動物則沒有。因此，肉食性動物必須把食物咬斷成小塊，然後再吞下，而草食性動物則必須咀嚼食物。咀嚼包含了碾磨這個動作，然後徹底地把食物和唾液混合。因此，草食性動物的口腔才有構造上的改變。

如果有適當的咀嚼，將近百分之五十的消化過程會在你的口腔裡完成。換句話說，進入胃部的食物已經部分消化，胃部因而能夠有效率地完成整個消化過程。在現代生活中，人們是如此地匆忙，以至於在尚未適當地咀嚼食物之前，就狼吞虎嚥地吞下午餐。

尚未消化的食物和部分被破壞的食物都會使胃部負擔沈重。今日的廚房已經成為有效地破壞食物的處所，那些富含營養、充滿生命力的食物，在烹煮的過程中，已被系統性地降低、毀損了其營養價值，其生命能量的價值（即它支持靈性的功能）也被大幅地耗盡了。

接著，如果你檢視消化道的長度，草食性動物的消化道長度大約是其身長的五至六倍，肉食性動物的消化道則是其身長的二至三倍。簡而言之，肉食性動物的消化道明顯地比草食性動物的消化道短，而此一差異清楚地指出每一種動物應該吃哪一種食物。

如果你吃生肉，大約需要七十至七十二個小時才能通過你的消化道；煮熟的肉類需要五十至五十二個小時；煮熟的蔬菜需要二十四至三十小時；生的蔬菜需要十二至十五小時；水果只需要一個半小時至三小時。

如果你把生肉放在外面七十至七十二個小時，它就會開始腐爛——一小塊這樣的肉的氣味就可以讓你奪門而出！在夏天，溫度和濕度使得腐爛過程變得非常迅速。你的胃一直都是高溫潮濕的地方，如果肉留在胃裡七十二個小時，腐化的程度就會非常高。基本上，這意味著胃部有過度的細菌活動，而你的身體必須消耗大量的能量來控制細菌的活動，如此它才不會越過劃分健康和疾病的界線。

如果你到醫院探望生病的朋友，你肯定不會帶披薩或牛排給他，你最有可能帶的是水果。如果你碰巧置身野外，你會先吃什麼？肯定是水果。（雖然我們都知道亞當惹上了什麼麻煩，但請記得，甚至連亞當也吃蘋果！）接著你會吃根莖類，然後才會捕殺動物、烹煮食物和種植作物。水果是最容易消化吸收的食物，所有的人類都出於本能地知道這一點。

大多數的肉食性動物並非每天進食——絕對不是一天三次！牠們知道自己所吃的食物在消化道內移動的速度非常緩慢。據說，老虎每六至八天進食一次。當牠飢餓時，牠敏捷機靈，潛行覓食，一次吃下五十五磅肉的可觀大餐，然後就呼呼大睡或懶洋洋地漫步。眼鏡蛇一餐吃相當於牠體重的百分之六十的食物，而且是每十二至十五天才吃一次。中非地區的俾格米人（pygmies）過去常常獵捕大象，生吃牠們的內臟和肉，啜飲鮮血。他們說，在吃了這樣一餐之後，他們會一連睡上四十多個小時。但你無法過這種生活，你必須每天進食，並在特定的時間休息，因為你的消化道類似草食性動物的消化道。

關於蛋白質的辯論

時下的人們特別強調攝取蛋白質這件事情。我們要瞭解，雖然身體有近百分之二十是由蛋白質所構成，但攝取過多的蛋白質會致癌。肉類富含蛋白質，而攝取極少量的肉，就能夠滿足人類的蛋白質需求。剩餘的肉則非常緩慢地在消化道內移動，因此導致各種問題，例如細菌過度滋長、睡眠量增加、身體的惰性增加，以及細胞再生的能力降低等等，這最後導致我們的感知敏銳度下降。

正是在這個背景之下，人們一直認為肉類無法支持靈性修持，因為在基本上，靈性修持即在於提升個人的感知力，藉以超越物質的局限。

第十二章

消化的戲碼

12

消化的另一個面向是，為了消化某種食物，人體會製造鹼性物質，為了消化另一種食物，則產生酸性物質。如果你攝取一堆不同的食物，你的胃會因為困惑而製造酸性和鹼性兩種物質，兩者彼此中和，使得消化液失去作用。因此，食物留在胃裡的時間長過所需的時間，進而減弱了細胞再生的能力。

這個情況也會引起能量系統的惰性，而且在經過一段時間之後，它也會改變你的真實特質，以及你可能成就的特質。在傳統上，南印度的居民特別小心謹慎，絕不混合特定的食物。但在今日，食物不再關乎身體的安樂，反而變成一種社交活動。人們在外面吃自助餐，重視菜餚種類和數量的程度，遠大於滋養身體的健康和活力。

問題不在於不要吃什麼，而是在於吃多少、吃什麼。這不是一個關乎道德的問題，而是生命感知的問題。你在都市生活中奮戰，需要一個機敏靈活的頭腦和平衡的身心。在你們當中，甚至有一些人嚮往靈性修持——即便這種嚮往偶爾才會出現一次！因此，每個人都必須達成他（她）自己的飲食平衡，但這不是透過喊口號來達成，而是透過觀察和覺知。

重要的是，切勿因為食物而變成一個怪人，食物絕對不應該成為一件令人耗費全部心思的事情。地球上的每個生物都知道什麼食物該吃或不該吃。那麼，人類的問題是什麼呢？人類的問題是注意力不足，同時資訊過多。

基本上，瑜伽這門科學是在處理人的內在。它對人類機制有深刻瞭解，之後不同的系統從中分支而出。其中一個是阿育吠陀（Ayurveda）的體系，它在現代又再度興盛流行起來。「ayur」（阿育）這個詞彙意指「壽命」，「veda」（吠陀）意指「科學」或「知識」。因此，阿育吠陀是一門延長人類壽命的科學。這個系統運用植物的生命元素和地元素來促進健康，矯正身體的失調。諸如此類的知識系統被用來協助那些無法從事必要的瑜伽修行的人，藉以達到相同的目標。

靈性修持⑩

酥油的功效

每天用餐前幾分鐘，攝取一匙的酥油（clarified butter，印度人稱為「ghee」，又稱「澄清奶油」、「純化奶油」或「無水奶油」），可以對消化系統發揮奇效。如果你在酥油中加了糖，例如用酥油和糖製成的甜點，那麼它就會被消化和轉換為脂肪。但如果只攝取酥油而不加糖，它就能夠淨化、療癒和潤滑消化道。

此外，結腸經過淨化之後，你的肌膚將立刻顯得容光煥發，充滿活力。即便是那些寧可不攝取乳製品的人也可以親身實驗，因為酥油大部分不經消化，就可以排出身體。

演化密碼

如果你一定得吃葷食，魚是最佳的選擇。第一，它容易消化，且營養價值非常高。第二，它在你體內留下的印記最少。

這是什麼意思？

我們的身體——我們所吃、所排泄的一切，以及最終被火化或埋葬的身體——只是泥土。你體內的軟體決定，如果你吃水果，它就會被轉化成為人體，而不是成為一隻猴子或老鼠。你具效率的身體系統徹底刪除了另一個可以把土壤轉化成為水果的軟體，並且製作出一個新軟體，可以把水果轉變成為人身。對較為進化的生物而言，尤其是哺乳類動物，牠們的軟體更獨特，更個別化。這使得你破解密碼的系統更難刪除你所攝食的生物的軟體，也更難用一個新的軟體去覆蓋它、替換它。

在所有動物之中，魚類是這個地球上較早出現的生命形式之一，擁有最簡單的軟體密碼，可以讓我們的身體去破解，並且把它融入我們的體系。那些擁有較高智力的動物，尤其是那些具有各種情感的動物（例如牛或狗），將保有牠們的記憶系統。換句話說，我們無法完全地把更為進化、更聰明、有感情的生物，融入我們的身體系統當中。

在較早期的社群當中，人們與大地較相契合，可以狩獵，以動物為食，並且透過大量的體能活動來解決吃肉的後果。但是現在的人們大多過著缺乏鍛鍊的生活，因此這種飲食所製造的酸含量，可能導致今日普遍存在、原因不明的緊張和壓力。此外，大型動物（尤其是牛隻）在被屠殺之前，就已經知道自己即將面臨的命運。牠們因此體驗高度的緊張和壓力，進而產生大量的酸性成分，這會為之後食用這些肉類的人帶來不利的影響。

第十三章

大快朵頤之感

13

「曼陀羅」週期

如果你觀察身體的自然循環週期，就會發現一個被稱為「曼陀羅」（mandala）的週期。曼陀羅是人體系統所經歷、為期四十至四十八天的循環週期。在每個循環週期當中，你的身體會有三天不需要食物。

如果你意識到身體運作的方式，你將會覺知到身體在某一天不需要食物。在那一天，你可以在不進食的情況下，毫不費力地過一天。甚至連貓狗都有種覺知，在某一天，牠們常常選擇不吃東西。

身體說「斷食」的那一天，就是淨化身體的時機。由於大多數人都不知道他們的身體應該在哪一天斷食，因此，印度的曆法就把艾卡達西日（Ekadashi）定為斷食日。艾卡達西日是陰曆第十一天，而且每隔十四天一次。在傳統上，它被視為禁食日。如果有些人因為活動量的緣故而無法斷食，或如果他們沒有適當的靈修來支持斷食，那麼他們可以選擇攝食水果。

如果你的身體和頭腦沒有做好充分準備就勉強斷食，可能會損害健康。但如果你的身體、頭腦和能量都已經透過必要的修行而準備就緒，斷食就會帶來巨大的利益。

那些時時仰賴尼古丁和咖啡因的人，可能會覺得斷食非常困難。因此極為重要的是，在斷食之前，攝取適當的營養，尤其是水果和蔬菜等含水量高的食物，使身體準備就緒。並非每個人都適合斷食，但如果我們對斷食有適切的瞭解，它就能帶來諸多利益。

瑜伽努力的目標在於開啟身體之繭，使其成為一個更大規模的感官體，進而把每件事物都體驗為自己的一部分。斷食是這個邏輯的延伸——在沒有活躍地攝食的情況下，它是滋養你自己的一個方式。今日，人們可能把斷食當作排毒的過程，但這卻是斷食的內在基本原理，這就是世界上的每個靈修傳統都為信徒訂定斷食期的原因。在瑜伽傳統之中，斷食期是根據月亮的循環週期而制定。這是因為在月亮循環週期的某些天裡，你吸收融入水、空氣和陽光之能量的能力比較強大。某些宗教把斷食期訂在盛夏，因為此時人體攝取水分和陽光的量會自然而然地偏高。

斷食讓進食轉變成為一個有意識的過程

我的曾祖母是個奇妙的老婦人，常常被那些不懂事的人視為古怪。她常常把食物施予螞蟻和麻雀，當她這麼做時，喜樂的眼淚就會從她的臉龐流下。周圍的人一直說：「老太太，妳為什麼不吃？」她只回答：「我飽了。」所有這些提出勸告的人早在她之前就過世了。我的曾祖母一直活到一百一十三歲，不可思議的高壽！

我的母親過去也常常這麼做，每天在吃早餐之前，她會先拿一把食物去餵螞蟻，然後才開始用餐。許多家庭婦女也一直擁有這項傳統。螞蟻是你在周圍所能看見的最小生物，也是你所能夠想像的最微不足道的有機體。因此之故，你要先餵螞蟻。你不是把食物供養給諸神或其他天眾，而是供養給你所知道的最小生物。這個地球屬於我們，也屬於螞蟻。你知道，地球上的每個生物都和你一樣具有生活的權利。這種覺知有助於創造一個有益於身心的氛圍，有利於提升意識。

光是像餵食螞蟻這個簡單的動作，就可以鬆開你對身體的認同。當你不再那麼認同身體時，你對自己其他層面的覺知就會自然而然地增長。你非常飢餓時，「吃」是你身體唯一想要做的事情；但只要等兩分鐘，你就會發現其中的巨大差異。當你非常飢餓時，你就是身體；但給它一點點空間後，你突然之間就不只是一個身體了。

喬達摩佛陀甚至說：「當你亟需食物時，如果你把食物布施給其他人，你就會變得更加強大。」我不會要求你那麼多，我只要你等幾分鐘！它肯定會讓你變得更強大。

如果你嗜食成性，那麼刻意的不吃一餐是好的。試著這麼做：在你覺得特別飢餓，而且有人烹煮了你最喜歡的菜餚的那一天，試著不吃一餐。這不是虐待折磨自己，而是把自己從很容易就會變成一個刑求室的身體中脫離出來。

斷食的本質在於，你把攝食的種類、份量和方法，從一個衝動的模式轉變成為一個有意識的過程。

靈性修持⑪

理想的飲食

請親身試驗：今天先從攝取百分之廿五的天然且未經烹調的生食，例如蔬菜、水果，然後慢慢地在四或五天之內，把它增加到百分之百。維持這種飲食一或兩天，接著減少百分之十，然後在接下來的五天之內，你將會達到百分之五十生食和百分之五十熟食的比例。對於那些想要在每天保持十六至十八個小時活動量的人而言，這是理想的飲食。

請記住，如果你吃熟食，你可能花十五分鐘吃一餐。如果你吃生食，可能要花多一點的時間吃等量的食物，因為你需要更多的咀嚼。但是身體的天性是，在過了十五分鐘之後，它就會告訴你用餐結束了。因此，人們會因為吃得較少而減重。在這個過程當中，你唯一需要做的是稍微多覺察自己正在吃多少食物。

第十四章

從焦躁不安到放鬆

14

「放鬆」定義了身體恢復活力的能力

夜間的睡眠會讓早上和晚上之間的這段時間有所不同，而造成這種差異的則是睡眠帶來的放鬆程度。如果你在從事白天的所有活動時，都能夠保持放鬆的狀態，那麼在晚上時分，你也會像在早晨那般保有相同的精力和熱忱。

如果你神清氣爽地醒來，那是一個良好的開端，但慢慢地在一天當中，隨著你放鬆的程度下降，你便漸漸地開始感受到緊張、壓力。請記住，你並非因為工作而感到緊張。每個人都認為自己的工作壓力很大，但沒有什麼工作是充滿緊張、壓力的。有許多工作可能會帶來具挑戰性的情況，例如，你可能面對令人討厭且不友善的上司、欠缺安全感的同僚、急診室、不可能達成的工作期限，或者你可能發現自己置身戰區！但這些壓力都不是原本就存在的，我們對自身處境所產生的衝動反應，才是引起壓力的原因。緊張、壓力是某種程度的內在矛盾和摩擦，我們使用一些內在的工作和覺知，就可以輕易地潤滑內在的機制。因此，正是你的能力不足以掌控自身的系統，才使得你備感壓力。在某個程度上，你不知如何掌控自己的身體、頭腦和情感，這才是問題所在。

那麼，你該怎麼做，才能讓身體遠離緊張、壓力，而且不論是早上或晚上，都保有相同程度的熱忱、放鬆和快樂？

人在空腹時，其脈搏率大約七十多次，甚或八十多次；而你會發現，人們在從事適當種類的冥想時，其脈搏率則介於三十多至四十多次之間，而且即使在吃了一頓很好的午餐之後，它仍然會維持在五十多次。這只是一個參數，顯示了你的身體時時刻刻所體驗的放鬆程度。基本上，「放鬆」定義了身體補充能量和恢復活力的能力。

身體需要的不是睡眠，而是放鬆

你不能為了減緩身體的運行而停止活動。你需要把身體保持放鬆，而不要讓它因為活動而損傷。你的身體可能會精疲力竭，但它卻不會讓你感到緊張。如果你能夠在活躍且充滿朝氣的同時保持放鬆，這就是值得的。如果你開始從事某些簡單的瑜伽練習，在三至四個月之內，你的脈搏率就會非常輕易地至少降低八至二十次。這表示你的身體以一種更有效率且放鬆的速度來運作。

身體需要的不是睡眠，而是放鬆。如果你的身體一整天都非常放鬆，你的睡眠量就會自然而然地減少。如果工作、散步或運動也能讓你放鬆，你的睡眠量將會更進一步地減少。

現今的人們都想要用一種費力且下苦功的方式來做每一件事情。我看見人們全身緊繃地在公園散步。不論是散步或慢跑，你為什麼不能輕輕鬆鬆、開開心心地做呢？這種運動可能會帶來更多的傷害而非安樂，因為你把它做得像是要上戰場那般！

不要和生命戰鬥，不要對抗生命，你就是生命本身。只要與生命的旋律同步，你就會看見自己可以輕鬆地過活。保持健康安好，不是一場戰爭，儘管去從事你喜歡的活動，例如玩遊戲、游泳、散步和奔跑。如果你整天除了吃起司蛋糕之外，什麼都不喜歡做，那你就有問題了！除此之外，在積極活躍和放鬆之間，沒有什麼是不相容的。

你的身體需要多少睡眠？取決於你從事體能活動的程度。我們沒有必要去固定食量和睡眠量。刻意擬訂一天必須消耗多少卡路里，必須睡多少個小時，這是對待生命的愚蠢方式。讓身體決定它今天應該吃多少，而不是由你決定。今天你的活動量低，你就吃得比較少；明天你的活動量高，你就吃得比較多。至於睡眠也是如此，當你覺得足夠放鬆時，你就會醒來。身體在獲得充分休息的那一刻，它就會自動地醒來，不論當時是三點鐘、四點鐘或八點鐘。在談到食物和睡眠時，你的身體是最佳的裁判。

如果身體處於特定程度的警覺和覺知，你將會發現，一旦獲得充分的休息，它就會自然清醒，彷彿它急著要活起來一般。如果身體試著把床當做墳墓的話，那就是一個問題。照顧你的身體，使它不要渴望去避免或逃避生命；照顧你的身體，使它渴望清醒。

靈性修持⑫

仰臥的睡姿

如果你睡覺時不用枕頭，或使用一個非常低的枕頭，不使脊椎受到擠壓，就會提升大腦神經和神經系統細胞的再生效果。如果你睡覺不用枕頭，那麼，你最好採取仰臥的睡姿，而非側臥。在瑜伽當中，這種仰臥的睡姿被稱為「大休息式」（shavasana，或稱「攤屍式」），可以讓身體淨化和恢復活力，促進能量系統運行的流動順暢，進而帶來輕鬆和元氣。儘管如此，我們也沒有任何理由要固執己見地把它當教條一樣來遵守。（至少在你睡覺時，不要採取任何立場！）

第十五章

從肉欲到宇宙

15

所有的二元性都努力追求合一

「存在」是一場在顯化與未顯化之間的舞蹈。在顯化的那一刻，就有二元性——光明與黑暗、男性與女性、生與死等等。雖然「合一」是造物的基本布料，但二元性卻為生命帶來質地、設計和色彩。今天，所有被你視為生命的各種顯化，基本上都深植於二元性。因為有「二」，就有眾多的顯化；如果只有「一」，就不會有存在。一旦有「二」，生命的遊戲就開始了。

一旦二元性開始，「性」也就開始了。我們所稱的「性」，只不過是這二元性的兩個部分努力要合一的結果。在這些二元性相遇的過程中，也有大自然想要實現的特定功能，例如生育繁殖和物種的存活。所有的二元性都努力追求合一，因為曾經是「一」的事物已經自顯為「二」，因此，「合一」就變成一種永恆的渴望。

這種想要合一的渴望以多種方式呈現。當你年輕，你的智力被賀爾蒙控制時，

「性」就會成為這種渴望的展現。當你步入中年，你的智力被情感控制時，「愛」就會成為這種渴望的展現。當你年邁衰老，賀爾蒙不再調皮搗蛋時，「祈願」就會成為這種渴望的展現。但是不論年齡大小，當你超越所有這一切，並在一個更高層次的覺知上追求相同的合一時，「瑜伽」即是這種渴望的展現。

身體永遠保持二元性，無法合而為一

如果你正在追求身體的合一，那麼你便需要記住，不論你怎麼做，身體永遠都會維持為「二」。在某些片刻，會有合一的感覺，之後人們就會分開。如果離婚沒有把人們拆散，死亡也會拆散他們，這注定會發生。

性行為只是兩個對立的人試圖合而為一所作的努力。你的個體性不只是指你在心理框架內，以自身的好惡、興趣和看法等形式所設立的虛假界限，也代表你被困在自己的身體界限之內。你可能沒有意識到這一點，但你內在的生命卻渴望打破這些界限。當你想要打破心理的界限時，你可能渴望進行一場嚴肅認真的對話，或閱讀一本書、喝酒、磕藥，或做一些古怪反常的事情。為了打破身體的界限，你可能會想要在身上穿洞、刺青、染髮，或採取性交這個老套的作法。

性行為的意圖是美好的，但方法卻是無可救藥的。性行為牽涉了歡悅，因此它驅使兩個人走向彼此，但合一的狀態卻瞬間即逝。因此之故，你嘗試在情感和智力等其他方面有所交會。人們總是在尋找共同點：「我們都喜歡吃同一種冰淇淋；我們兩個都是金髮；我們兩個都打電玩；有相同的星座；也喜歡看相同的電視節目……」但除非你瞭解，你們永遠無法合而為一，否則你就不會學習去享受與你相反的那一面。

在人類語言中，我們稱之為「陽性」和「陰性」的這兩種能量，總是努力要聚合在一起。在此同時，除了這種想要在一起的渴望之外，它們卻是相對立的——它們既是愛侶，也是仇敵。如果它們尋求相似性，那麼它們之間幾乎沒有共同點，但這種異性相吸一直存在著。

許多人無法如實地面對基本的身體行為，因而發明各種裝飾品來美化它。你總是在其上添加情感，因為如果沒有情感，它就會顯得醜陋。就某方面而言，你正在努力用許多裝飾品來遮蔽自己對實相的認識。

接受人的生物特性，不美化或醜化它

「性」是天生自然的，它就在身體裡面。性慾（sexuality）是你創造的事物，它屬於心理層面。如果「性」是在身體裡，那麼它是美好的，但在它進入你的頭腦那一刻，它就成為一種曲解、顛倒和變態。它和你的頭腦無關，「性」本來是你的一個小面向，但今天它卻變得大得不得了。對許多人而言，它已經成為生命本身。

如果你檢視現代社會，我可以說，人類大概把百分之九十的能量花在追求「性」

或逃避「性」上面。性行為只是大自然繁衍生殖的把戲，如果異性相吸這件事情不存在，物種就會滅絕。但是現在我們在男人和女人之間做了那麼大的分別，幾乎彷彿他們是兩個不同的物種。在這個地球上，沒有其他生物像人類這樣面臨「性」的問題。動物只有在特定時期，身體才會有性衝動，其他時候則完全沒有。至於人類，性衝動卻時時刻刻都在他們的頭腦上呈現。

之所以會發生這種情況的一個原因是，在過去，許多宗教否定性行為這個單純的身體過程，甚至到了把它變成一種罪惡的程度。由於我們甚至無法接受身而為人的生物特性，因此與其超越生物過程的限制，我們反而努力地去否定它。如果我們對生物特性沒有任何反感，我們就不會去分別誰是誰，每個人都會因為自身的價值而為人所知，而誰是男或女，就變得毫無關係了。一旦你無法接受男女之間的根本差異，就是剝削、利用女人的開始。

你不必把生物特性神聖化，也不必把它弄得污穢不堪。它是生命的工具，因為有它，才有你的存在。如果你知道如何與之相處，而不特別美化或醜化，它就自有它的美麗。

你在生活中所體驗到的感官愉悅，是一種化學物質的邀請，它邀請「不是你」的某件事物成為你的一部分，這是大自然促使你趨向合一的方式。雖然感官愉悅在本質上是歡慶的，但它也是一種歧視。當兩個人熱情澎湃地交合時，世界因此而被排除在外，甚至被泯滅。如果歡慶必須持久，那麼，你的感官愉悅或你的熱情就必須無所不包。如果你處於無所不包的熱情狀態，我們稱此為「瑜伽」。因此，「否定」不是問題的答案，「擴展」才是唯一的解答。

在生命的每個剎那，皆有賦予生命的氣息，如果你尚未知曉此一生命氣息的感官愉悅，你怎能開始去了知任何其他種類的感官愉悅？體驗呼吸過程的極度亢奮（高潮）的本質，被稱為「安那般那沙提瑜伽」（ana pana sati yoga），或稱「入出息念瑜伽」（the yoga of incoming and outgoing breath）。「安那」（ana）和「般那」（pana）的字義分別是「入」和「出」，「沙提」（sati）意指「女性配偶」（female consort），所以這很明顯地是指性高潮的合一。因此，安那般那沙提瑜伽是一個過程，使你和你的氣息產生有意識的且甚深的連結，並且教導你這個簡單的入出息如何能夠成為不可名狀之狂喜的根源。

靈性修持⑬

雙手合十，身體達到和諧

生命更崇高的可能性存在於人體之內，身體是從粗重到神聖等所有可能性的平台。你可以把飲食、睡眠、性交等簡單的動作當作粗重的行為來進行，或者也可以把神聖性帶入所有這些面向。如果我們能夠把更細微的念頭、情感和意圖帶入這些行為當中，就能達到這種神聖性。最重要的是去記得，某件事物是粗重的或神聖的，大多是由你從事它們時是否情願或是否有所覺知而決定。每一次呼吸、每一個步履，每一個簡單的行為、念頭和情緒，如果我們在從事這每一個行為時，不論它是一個人、食物或你使用的物品，你都能認識到牽涉其中的神聖性，我們就能產生神聖性的觀點。

在兩個人類能夠從事的所有充滿愛意的行為當中，牽手這個簡單的動作常常會變成最親密的動作。為什麼如此？基本上，因為雙手和雙腳的本質之故，能量系統在身體的這兩個部分，以一種非常特別的方式表情達意。雙掌交握，遠比身體其他部位的相接觸來得親密。

你可以自己試試看，甚至不需要一個伴侶。當你把雙手放在一起時，體內的兩個能量面向（左和右、陽性和陰性、日和月、陰和陽等等）以一種特定的方式相連結，而你開始於內在體驗到一種合一感。這是傳統印度合十禮（namaskar）的邏輯，它是使身體達到和諧的方法。

因此，嘗試這個簡單的合十禮瑜伽，是體驗合一狀態的最簡單方式。雙手合十，充滿愛意地觀照你所使用或消耗的任何物品，或你所遇見的任何生命形式。當你把這種覺知的感受帶入每一個簡單的動作和行為之中，你的生命體驗將永遠不再相同。如果你雙手合十，你甚至可能結合整個世界！

第十六章

賀爾蒙的挾持控制

16

身體每一刻都直接走向墳墓

有人曾經問我：「人們迷戀性交的程度遠大於其他的肉體衝動，這不是很奇怪嗎？」這沒有什麼奇怪的，它只不過是受到我們之前所談的賀爾蒙的挾持控制。再者，「性」不是力量最強大的衝動，飢餓才是。

在大多數的時候，對「性」想入非非只是一種本能衝動的行為。當你還是個孩子時，別人有什麼生殖器官，對你一點也不重要；但是當賀爾蒙開始在你體內興風作浪的那一刻起，你就滿腦子都是「性」，什麼也不想。當你到了一定的年紀，賀爾蒙的戲耍平息之後，「性」又變得無關緊要了。回顧過往，你一定會不敢相信自己當初對「性」是那麼地迷戀。

身體沒有錯，它只不過是有局限而已；但是，有局限也沒有什麼不對。如果你跟著身體走，便會擁有一些愉悅。想要做一個有限的人，這不是罪惡，但你卻會過著一個不得志的人生。

例如，我明天賜予你一項恩惠，使你成為世界上所有男人或女人渴望追逐的對象。你會發現，儘管如此，你仍然會感到不滿足。你會擁有一點點的歡樂和痛苦，但你只會活在身體的範圍之內。身體只曉得存活和繁殖，它每一刻都直接朝向墳墓走去，除此之外別無他處。

你的身體只是你向這個地球借貸來的物品，你所謂的「死亡」，只是大地之母收回她提供給你的借貸，這個地球上的所有生命都只是地球的回收循環再利用。你現在可能認為，你正要去辦公室、回家或觀賞足球賽，但是就你的身體而言，它卻是時時刻刻都在直接走向墳墓。此時此刻，你可能已經忘了這一點，但慢慢地隨著時光流逝，你就會更加清楚地看見這是身體的本質。如果身體是你所知道的一切，而且不論如何你都會失去它，那麼，焦慮和恐懼將會長伴你左右。

把自己局限於身體，就是在過奴隸般的生活

人們甚至開始認為，恐懼是生命本具的一部分。不是的，恐懼是你的生命不完整的結果。如果你尚未探索生命的重要性和多面性，而且只把自己局限於身體，那麼，恐懼就會是自然而然的結果。

你聽過喬治・貝斯特（George Best）這個人嗎？他是當時英格蘭最偉大的足球選

手之一。他決心用最擅長的方式去善用自己的人生，媒體形容他左擁右抱每個電影明星和名模，但是到了三十五歲那年，他已經變成一個窮困潦倒、悲慘不幸、灰心失意的人，在五十九歲那年，他就過世了。喬治．貝斯特大概坐擁一切，但他的人生實際上卻糟糕透頂。

這是因為身體受到局限之故，在你的生命當中，身體就只能扮演這樣的角色。如果你試著把它撐到極限，成為你的整個人生，你就會因此而受苦，因為你是在創造一個謊言。生命會以一百萬個巧妙的方式來打破你、壓擠你、碾磨你，並且使你屈服。

你的賀爾蒙沒有錯，但一旦你衝動度日，你就是在過著奴隸般的生活。你的事業、家庭、人際關係等生活裡的每一件事情或許都進行順當，但慢慢地，當不同種類的衝動掌控局面時，你就會愈來愈悲慘。你的內心有某件事物不願意成為奴隸，對許多人而言，為了追求財富和健康，驅使他們採取愈來愈極端的行動。如果你掀開文明的虛飾外表，你就會發現最令人憎惡的虐待，我們甚至連自己的骨肉都不放過。這些是不注意身而為人的所有層面，而把自己局限於物質狹窄領域的後果。

今天，人們因為迷戀身體而製造了數不清的痛苦，就醫療、保險和車子而言，更好的物質安排莫過於此。你比之前的任何世代享有更多的舒適與便利，但人們卻飽受巨大的痛苦。在富裕的社會當中，幾乎每五個人就有一個人為了保持心理的平衡而服用藥物。當你必須每天吃藥來保持神志清明，這就稱不上是喜悅。你快要崩潰，因為你把生命的一個小面向當成生命的全部。

終歸一死的本質

唯有當你認清自己終歸一死的本質時，你才會想要去瞭解生命的意義，而這開啟了靈性的修持。

從前，兩個八十多歲的人相遇。其中一個認出另一個人，說道：「你是不是參加過第二次世界大戰？」

另一個人說：「是的。」

第一個人問他在哪裡參戰，屬於哪一個軍營。對方告訴了他。

第一個人驚呼：「喔，我的天啊！你難道沒有認出我嗎？我們當時待在同一個散兵坑裡啊！」

他們於是一見如故，話匣子停不下來。他們實際上只經歷了大約四十分鐘的激烈戰鬥，但他們暢談每一顆擦身而過的子彈，四十分鐘的經歷談著談著竟變成了四個多小時。

當他們痛快地暢所欲言之後，其中一個人問另一個人：「大戰過後，你都在做些什麼？」

「喔！過去六十年來，我一直都只是一個推銷員。」

那四十分鐘定義了他們的人生，因為在當時的每一個剎那，死亡近在他們的眼前。在戰場上，他們已經打造了一個深刻的連繫。除此之外，這個人的生命可以用一句話來總結：他只是一個推銷員。

當你瞭解到自己終歸一死的本質時，你就會在內心發現一種無可形述的深刻性。如果你尚未瞭解自己的永恆本質，那麼，至少必須了悟你終歸一死的本質。死亡不是生命的盡頭，死亡只是身體的終結。如果你深深地認同身體，你和死亡之間的爭鬥就會更加劇烈，因為死亡標示了身體的終結。唯有當你正視自己終歸一死——你的身體可能面對且必然發生的終結，你才會生起超越身體的真正渴望。

第三部 頭腦

人類發明了數百萬個讓自己受苦的方式，
而發明這一切的生產單位只在你的頭腦中。
一旦你不再認同你的頭腦，
你就可以自由自在地體驗超越限制的人生。
「成佛」意味著你已經見證了自己的智力。

第一章

奇蹟或困境

1

一場整個宇宙滿是猴子的夢魘

從前，有一個人想要獲得超自然的能力。他拜訪了一個古魯又一個古魯，急切地尋求教導。他最後來到喜馬拉雅山區的一個偏僻的隱居所。

靜修處的古魯猜測他追求超自然能力的目的，並且試圖勸阻。「你要怎麼使用這些力量？如果你學習在水上行走，那又怎麼樣呢？經過三天之後，你會覺得有一艘船比較好！不要把你的人生浪費在這些無關緊要的追求上。讓我教你如何冥想。」大師多次嘗試勸阻，但那個人心意已決。

古魯最後說：「好吧！如果你這麼堅決，那麼，明天清晨四點你先到河裡洗個澡、泡泡水，然後再來找我，我會傳授你超自然的祕密。」

那個人雀躍不已。他在黎明前跳進喜馬拉雅山冰凍的河水裡，全身凍得發青，然後充滿期待地坐在大師跟前。

古魯說：「你瞧！這非常簡單。我有一個祕密咒語。如果你在接下來的四十天內每天念誦它三次，你就會擁有所有的超自然力量。」

於是大師傳授咒語：

「Asatoma sadgamaya（阿薩投瑪・薩噶瑪雅）。」

「從無知，帶領我到真相。」

古魯說：「你必須重複念誦這個神聖的咒語，一天三次，連續四十天，然後你將擁有超自然這整個界域。但是在念誦咒語時，不要想著猴子。」

這個修行是如此地簡易，使得男人心存懷疑。「就這樣嗎？」他滿心歡喜地問，「我可以離開了嗎？」

古魯說：「當然。請離開，然後在四十天內回來。」

男人興高采烈地離開。「這個古魯竟然如此愚蠢地透露他所有的祕密，並且分文不取！」他心想：「而且他還要我不去想猴子。我為什麼會去想猴子？太荒謬可笑了！」

他下山，並抵達恆河岸。他進入聖河沐浴，然後坐下開始他的修行。他一開始念誦「Asatoma」（阿薩投瑪）這個字，猴子就出現在他腦海中！每一次猴子從他腦海中冒出來，他就再浸入河水中一次。他採取各種不同的瑜伽體位來念誦咒語，但每次一說出第一個字母，猴子就會出現，而且是成群結隊地出現。在經過一星期的密集修行之後，他再也不需要任何一句咒語，因為整個宇宙滿是猴子——簡直就是一個猴子夢魘。他受到無數個猴子的騷擾，啥事也沒辦法做，於是一路走回古魯那裡說：「我不想要你這該死的超自然力量了，先幫我擺脫這些猴子！」

如果你告訴自己不要去想某一個念頭，你的頭腦所製造的第一件事物，就會是那個念頭！這是人類頭腦的本質。

不聽指令的頭腦，即是製造痛苦的機器

在最近，許多科學家已經針對大腦的活動進行研究。如果你檢視神經元在大腦內開火射擊的方式，你就會注意到在這個活動當中，具有驚人的凝聚力。正是這個凝聚力，使得身體能夠有效率地運作。此時此刻，因為神經元高度協調一致且跳著錯綜複雜之舞，你的身體才能夠從事十億個精密的活動。

但是在大多數人的經驗裡，頭腦卻不幸地成為一個馬戲團。事實上，馬戲是一個極為協調一致的活動，但卻刻意地被做成像是一團混亂。甚至連馬戲團內的小丑都是體操運動員，他可能滑稽可笑，但他卻才華洋溢，對自身所做的一切駕輕就熟。小丑這個隱喻說明了大多數人心理活動的經驗。

頭腦這個不可思議的體操選手是如何變成小丑的呢？它如何從奇妙之源轉變成為一團混亂？為什麼這個奇妙的工具變成一個製造痛苦不幸的機器？

如之前所說的，每個人基本上裡裡外外都在尋求歡樂。在提到外在時，有一百萬種材料和成分，但沒有人能夠徹底地掌握它們。然而，在談到內在的情況時，那就只

有一個成分——你。你可以是內在生活的唯一建築師和創造者，但你卻不知道方法。這是困難之處，如果你掌控一切，你肯定不會為自己製造痛苦不幸。你所擁有的基本自由是，你可以天馬行空地想像。那麼，是什麼阻止你去想那些令人愉快的念頭呢？

問題只在於，你的頭腦不聽從你的指令。想像一個舊石器時代的山頂洞人敲打電腦鍵盤，顯示在螢幕上的，看起來將會像是一連串的淫穢下流之語！

瑜伽讓人體驗存在的終極本質——無邊際的合一

瑜伽這個系統是一個在你和你的頭腦之間製造區隔的技術。在你和你的身體、頭腦所積聚的事物之間有一個空間，而覺察到這個空間，則是你邁向自由的第一步，也是唯一的一步。你所積聚的身體的和心理的內容物，促成了你生命的循環模式，甚至生命之外的循環模式。如果你能夠時時覺察這個介於你和身體、頭腦之間的空間，你就開啓了無限可能的面向。

在這個世界上，只有身體的和心理的兩種痛苦。一旦這個與之疏遠的間隙成為你體驗中的不變因素，你就已經終止了痛苦。在盡除了對痛苦所產生的恐懼之後，你就可以昂首闊步、輕輕鬆鬆地走完人生，了無畏懼地去探索生命所提供的一切。你運用這個極為精密的身體、頭腦現象的能力，可以被提升至一個完全嶄新的體驗和實用層面，同時你又置身物外。這聽起來相互矛盾，但卻千真萬確。隨著體驗空間的擴大，頭腦不再是一團混亂，而變成一場勝妙的交響樂，一個可以使你登峰造極的巨大可能性。

瑜伽是一段通往實相的旅程，在此一實相當中，你把存在的終極本質體驗為「無邊際的合一」（borderless unity）。而唯有在你和你的身體、頭腦之間保有那個空間時，這種體驗才有可能發生。重要的是，要記得這種無邊際的合一是一種體驗，而不是一種想法、哲學或概念。如果你把宇宙的合一性當作一個智力理論來擔保和證明，它可能會使你成為晚宴上受歡迎的人物，或在研討會上為你贏得眾人的掌聲，甚至可能成為諾貝爾獎得主，但卻不會使你達成任何其他的目的。另一方面，無邊際的合一體驗可以把你送到另一個維度——一個充滿愛與喜樂的維度，一個遠遠超越理性的維度。

止息頭腦的活動且保持警覺，即是在瑜伽之中

如果我們在智力上把每件事物都視為合一，這其實是有害的。人們常常聲稱各種關於與宇宙合一、愛整個世界的花俏哲學理論，直到生命好好地教訓了他們一頓為止。在談到金錢時，自己和他人之間的界限再清楚也不過，這時就毫無「你我合一」可言！

有一次，皮萊去上一堂吠檀多（Vedanta）哲學的課程。吠檀多是印度的形而上學的學派，談論自我與神性之間的「不二」（non- duality）。授課的老師是一個博學多聞

的哲學家，他慷慨激昂地說：「你不只是『這個』或『那個』，你無所不在，沒有『你的』和『我的』這種東西；你是一切，一切都是你的。在本質上，一切即一。你看到、聽到、聞到、嚐到、碰觸到的一切事物都不是實相，而全是幻相。」

這無與倫比、華麗虛飾的吠檀多詞藻在皮萊的腦海裡縈繞不去，即使回到家，他仍在仔細地思量。隔天早晨他醒來時，激動異常。他平常很愛睡覺，但因為這個吠檀多，他從床上一躍而起。在他心裡冒出來的頭幾個念頭是：「沒有什麼不是我的，一切都是我的，一切都是我。這個世界上的一切都是我，而一切都是幻相。」

你知道，不論是什麼哲學，人每隔一段時間就會感到飢餓。因此，皮萊去他最喜愛的餐廳，點了一頓豐盛的早餐，狼吞虎嚥地吃下，並且自言自語：「食物是我，送上餐點的人是我，吃飯的人也是我。」吠檀多！

他吃完早餐，當他如此沈迷於吠檀多的狀態時，諸如付帳等俗事完全不在他心上。他從座位起身，向外走去。當一切都是你的，怎麼會有帳單呢？

當他經過櫃台時，餐廳老闆正巧轉過身去做其他的雜事。皮萊看見抽屜裡有一大堆現金。吠檀多立刻告訴他：「一切都是你的，你不能在『這個』和『那個』之間作出分別。」因為他的口袋空空，於是他把手伸進抽屜，抓了一些現金塞進口袋，然後大搖大擺地走出餐廳。他不是在搶劫，只是在修持吠檀多。

突然之間，一些人從餐廳裡跑出來逮住皮萊。他說：「你們在捉誰？你們是捕捉者和被捕捉者；你們捕捉的是你，捕捉的人也是你。當沒有『你』和『我』這種事情時，我要付錢給誰？」

餐廳老闆迷惑得不知所措！他只清楚明白一件事：「我的現金在你的口袋裡！」但皮萊說：「捉人的人是我，被捉的人也是我。」餐廳老闆不知道如何處理這種顧客。在智窮力竭、不知所措之下，他把皮萊帶上法庭。

在法庭上，皮萊繼續他的吠檀多理論。法官試圖用各種方法要皮萊瞭解他犯了偷竊罪，但都徒勞無功。最後，法官放棄，並且說：「好吧，抽打他屁股十下。」

第一鞭抽下去……皮萊尖叫。

法官說：「別擔心！它只是幻相，沒有『痛苦』和『歡樂』這種東西，一切都是幻相。」

第二鞭抽下去……皮萊大叫：「夠了！」

法官說：「鞭打你的人是你，被鞭打的人也是你。」

第三鞭抽下去……皮萊大聲叫喊：「停，住手！」

「沒有『開始』和『停止』這種東西，它全都是幻相。」

皮萊就這樣一路被鞭子抽了十下。但在抽完十下之前，皮萊腦袋裡的吠檀多已經被清除得乾乾淨淨。

智力上的瞭解如果沒有從親身經驗所獲得的知識作為後盾，就會淪落成為頭腦遊戲和自欺欺人的情況。但如果「合一」成為一種經驗所得的實相，它就不會製造不成熟的行為，反而會製造一種驚人絕妙的生命體驗，使你產生永久的轉化。

普世性不是一個想法，而是一個有關存在的真相；個體性才是一個想法。瑜伽純粹是「頭腦的停止」（chitta vritti nirodha），其意思是，如果頭腦的活動止息，而你仍然保持警覺，你就是在瑜伽之中。

但切勿勉強地停止頭腦的活動，那會使你發瘋。因為如果用你的頭腦的話，三個踏板都是油門，沒有煞車，也沒有離合器。你有注意到這一點嗎？不論你踩哪一個踏板，頭腦只會加速。但如果你完全不去注意它，念頭就會慢慢地平息，讓你置身豐沛且充滿朝氣的寂靜之中。

靈性修持⑭

放棄你的身分認同

至少每小時提醒自己一次，你攜帶的每一件事物——手提袋、金錢、人際關係和身心的沈重感，都是你日積月累所得的事物。如果你愈來愈意識到這個基本的事實，愈來愈放棄你的身分認同，並且深深地參與你周圍的每一件事物，你就會從人心的痛苦和瘋狂中脫離，而轉移到靜心冥想。

第二章

從生活中思量你自己

2

做一個活生生的人或思考的人？

只因為你存在，你才會生起念頭，但你的思惟過程已經變得如此地衝動，以至於你的焦點已經從存在（生命）的層面轉移到心理的層面，而這種情況甚至已經發展到你開始相信因為你能思考，所以你才存在。十七世紀法國哲學家笛卡兒（René Descartes）提出「我思故我在」的著名哲理，事實上，西方哲學就是以此一哲理為基礎。

現在該是重申「因為你在，所以你能思考」這個基本事實的時機。這和任何東方的或西方的哲學無關，它是一個單純的存在實相。

你可以「存在」，並且選擇去思考或不思考。你生命中最美麗的時刻，那些你所認為的極樂、喜悅、狂喜或全然寧靜的時刻，就是你什麼也不想的時刻，你只是活著。即便沒有念頭和思惟，你仍然存在。

那麼，念頭和思惟究竟是什麼？它們只是你積聚和回收再利用的資訊。除了你的頭腦所積累的事物之外，你真的能夠去想任何其他的事情嗎？回收再利用老舊的資訊，是人類頭腦唯一在做的事情。

於是我要問，你想要做一個活生生的人，還是一個思考的人？你把百分之九十的時間花在思考人生，而不是去享受人生。你來到這個世界是為了體驗人生，還是為了思考人生？相較於生命的過程，你的心理過程只是一個非常微小的事件，但它卻變得遠比生命過程來得重要。現在該是人類再度把重心轉移到生命過程的時機，這件事迫不容緩，我們的生命仰賴於它。

思惟只會是邏輯的，不會比生命遠大

有一次……（我幾乎可以肯定這是一個杜撰出來的故事，但這不打緊，它聽起來像是真的。）現代邏輯之父、古希臘的智識巨人亞里斯多德（Aristotle）在海灘上漫步，眼前是燦爛奪目、令人心曠神怡的夕陽美景，但他卻沒有時間去理會這種瑣事。他正在嚴肅認真地思考一些關於「存在」的重大問題。對於一個心智聰穎的人而言，「存在」一直都是一個問題，而亞里斯多德決心要解決這問題。他在海灘上來回踱步，完全沈浸在嚴肅的思惟當中。

海灘上有另外一個人，他正非常認真急切地做一件事情，他是那麼地認真，以至於過了一段時間之後，連亞里斯多德都注意到了。那些沈浸於自身的心理現實的人通常會忽略其周遭的生命，鮮少去觀看一朵花、夕陽、孩童或一張微笑的臉龐。如果那是一張板著的臉，他們也不願意去讓它綻放笑容，他們不在乎世界上這種雞毛蒜皮的事情！他們太忙了，忙著解開「存在」的重大難題。

但是這個人是那麼地認真急切，甚至連亞里斯多德都無法忽略。在經過仔細觀察之後，他注意到這個男人專心一意地持續在海洋和海灘之間來來回回地走著。亞里斯多德暫時停下思考，並且詢問那個男人：「你到底在做什麼？」

男人說：「請不要打擾我，我正在做一件非常重要的事情。」他繼續熱情急切地做他的工作。

這激起了亞里斯多德的好奇心。他又問：「你在做什麼？」

男人說：「不要打擾我，這非常重要。」

亞里斯多德說：「是什麼重要的事情？」

男人指著他在沙子裡挖的一個小洞，說：「我在把海洋掏空到這個洞裡。」他手上握著一根湯匙。亞里斯多德看著此一情景而開懷大笑，他是那種可以一整年都不笑的人。有心的人才會笑，智識這個東西不會笑，它只會剖析。

即便亞里斯多德為此而開懷大笑，但他還是說：「這簡直荒謬可笑！你一定瘋了。你知道海洋有多浩瀚嗎？你怎麼能夠把海水掏空，裝進這小洞裡？而且只用一根湯匙？如果你至少用一個水桶，你可能還有一些機會！請放棄吧，這完全是一件瘋狂愚蠢的事！」

那個人看著亞里斯多德，丟下湯匙說：「我的工作已經完成了。」

亞里斯多德說：「你這話是什麼意思？別說掏空海洋了，連這個洞都還未填滿。你怎麼能說你的工作已經完成了？」

那個男人起身說：「我努力用一根湯匙舀空海洋，把水倒進這個洞裡，但你告訴我，這件事瘋狂愚蠢。那麼，你這是在做什麼呢？你知道『存在』有多麼廣大嗎？它可以容納十億個像這樣的海洋，甚至更多，而你卻試圖把它盡空，裝進你的腦袋這個小洞裡，而且你要用什麼掏空呢？用被稱為『思惟』的湯匙！請放棄吧，它百分之百地荒謬可笑！」

這個男人是另一個偉大的希臘哲學家赫拉克利特（Heraclitus）；在一瞬間，赫拉克利特讓亞里斯多德瞭解，試圖把邏輯延伸到生命的每一個面向，那是多麼殘缺不全的生命。

如果你想要瞭解生命的體驗層面，這些無足輕重的思考過程將永遠不會讓你達到這個目的。即便你擁有像愛因斯坦那樣的大腦，你的思惟過程仍然遠遠落後，因為思惟不會比生命遠大。思惟只會是邏輯的，並且在兩極化之間運作。如果你想要知道廣大浩瀚的生命，你需要比智識更多的事物。

瑜伽在你和頭腦之間製造空間，為你開啟無限的可能

這是你所擁有的基本選擇：你學習用創意過生活，或在你的腦袋裡製造你自己的

創作。你想要做哪一個選擇？

地球準時運轉，這可不是一件小事。所有的星系也都在完美地運行，整個宇宙也美妙地運轉。但是在你的腦袋裡，卻有一個小小的、齷齪的念頭爬來爬去，而且今天真是糟透了！問題在於，你活在一個心理的空間內，和現實完全沒有連繫。你沒有安全感，因為這個心理空間隨時都會崩潰瓦解。

在廣大浩瀚、莊嚴宏偉的宇宙空間內，如果你客觀正確地看待自己，你就會發現自己連一小片塵土都不如。但是你卻認為，你的想法——比你內在的一個小點更微小——應該決定「存在」的本質！你已經失去你的生命觀點，而這正是根本的問題。

你聽說過「佛陀」這號人物。他名叫悉達多．喬達摩（Siddhartha Gautama），他成為一個佛。但是喬達摩不是唯一的佛，如果一個人已經超越他的智力以及生命的分別和邏輯層面，那麼，他就是佛。人類發明了數百萬個讓自己受苦的方式，而發明這一切的生產單位只在你的頭腦中。一旦你不再認同你的頭腦，你就可以自由自在地體驗超越限制的人生。「成佛」意味著你已經見證了你自己的智力。

如我們之前所說的，瑜伽的精髓只在於抵達某個瞬間，在那個瞬間，你和你的頭腦之間有一個無礙的空間。一旦你達到這個境界，就開啓了一個更明晰、感知更強、更自由的人生，自由於焉誕生。

邏輯的限制

如果你沒有邏輯思惟，就無法在這個地球上生存，但是在此同時，過多的邏輯就等於自殺。例如，你明天早晨醒來時，開始進行百分之百符合邏輯的思惟。不要去想日出、天空中飛翔的鳥群、子女的臉龐、在花園盛放的花朵，只要做符合邏輯的思考。現在，你必須起床，必須如廁、刷牙、吃飯、工作、吃飯、工作、吃飯、睡覺。然後隔天早晨，你做同樣的事情。在接下來的三十、四十或五十年裡，你必須做相同的事情。如果你的思惟百分之百地符合邏輯，你就沒有活下去的理由！

有一天，在紐約市，一個男人加班之後走路回家。突然之間，他有一個浪漫的想法。於是他走進一家花店，買了一大束紅玫瑰。到了家門口，敲了敲門。他的妻子來開門。

她看著丈夫，開始大發牢騷：「今天真是糟糕透頂了！水龍頭一直漏水，地下室淹水，孩子們為搶吃的大打出手，我得把整個房子清掃乾淨，狗生病了，我媽媽也不舒服，而你竟敢厚著臉皮喝得醉醺醺地回家！」❽

如果你的思惟百分之百地符合邏輯，生命就全無可能性！極端邏輯的時刻，即是自殺的時刻。只有在你知道何時應該運用邏輯，以及何時必須超越邏輯，你的人生才會美好動人。

❽丈夫手上捧著一大束紅玫瑰，妻子卻以為他酒醉臉紅。

使你的注意力流動

你可以嘗試這個簡單的練習：把水龍頭設定到一分鐘只滴五至十滴的水，然後看看你是否能夠觀察每一滴水——它如何形成水滴、如何落下、如何潑濺在地面上。一天做十五至二十分鐘，你將會漸漸地意識到自己的周圍和內心的種種，而這些事物是你現在完全不知不覺的。

這個簡單的練習可以發起一個促進感受性和清晰性的過程，而且它所能成就的事物遠遠超出你的想像。在這個簡單的練習當中，你實際上是在探索「專注」（dharana）這個瑜伽分支，其意指「流動者」（that which flows）。在此，它指的不是水，而是你的注意力，也就是你的意識。其目的是在使你的注意力流動，並且與注意的對象連結；在這個練習裡，水是你注意的對象。

這不是一個觀察或欣賞的練習，它是一個注意力的練習——把零星分散、斷斷續續的事物，轉變成為一種連續不斷的流動。（總而言之，水和你已經合一，你的個別性只是你的想法。）

第三章

身分認同的汙垢

3

頭腦由會分別的智力所帶領，本身就是某種偏見

智力有如一把手術刀，它的功能是切穿實相，使你能夠辨別事物。如果一把刀必須毫不費力地斬斷任何事物，那麼重要的是，它所切斷的物質必不能黏附在刀上。顯而易見地，一把黏黏的刀是一個沒有效率的工具。

假設今天你用一把刀來切蛋糕，明天切肉，後天切水果，所有這些的殘渣都黏在刀上，那麼經過一段時間之後，它就會變成一個無用的工具。你可能已經有了這種經驗，如果你在切了洋蔥之後，再切芒果或蘋果，結果每個東西嚐起來都是洋蔥味！這樣一把刀子變成障礙的成分多過助力。換句話說，一旦你的智力認同某件事物，它就會被拴在這個認同上，讓你對世界產生完全扭曲的體驗。

有一天，基於政治的理由，偉大的阿克巴王在嬰兒時期被迫與其母親分離，而另一個已為人母的婦女被帶進宮來養育阿克巴。她用母乳哺育阿克巴，後來受到獎賞。

當時，她的兒子稍微比阿克巴年紀大一點，宮廷將幾個村莊分配給他，他因而成為一個小統領。多年之後，阿克巴登基為王。奶娘的兒子則欠缺身為統治者所需的聰明才智和能力，揮霍浪費所有的資源，失去宮廷賜予的一切，因而變得愈來愈貧困潦倒。

當奶娘的兒子大約三十二歲時，有一天，他想到一個了不起的主意。他心想：「既然阿克巴王和我喝同一個母親的奶，我們就是兄弟。我先出生，所以我是哥哥！」

這個想法深植於他的腦海，於是他前去晉見阿克巴，告訴他相同的故事。「你瞧！我們是兄弟，而且我比你年長。看看我悲慘的境遇，我現在窮困潦倒，而你卻是一國之君！你怎麼能讓我淪落至此？」

阿克巴深受感動。阿克巴歡迎他，把他安置宮中，並待他如王。這個人不習慣宮廷的規矩，釀出許多愚蠢的大錯，但寬宏大量的阿克巴一直說：「他是我的哥哥，我們喝同一個母親的奶。」在每一個人面前，阿克巴都介紹那個人是他的哥哥。

這個事態維持了一段時間之後，那個人該回到村莊去辦點事情。阿克巴說：「我的哥哥，你已經失去宮廷賜給你的那些村莊，我應該再給你五個新的村莊，讓你統治一個屬於你的小王國。」

那個人說：「我看見你之所以如此成功，是因為你周圍有許多聰明人。我沒有任何人可以提供忠告建言，這便是我失敗的原因。要是以前我有優秀的顧問和大臣，我也能締造一個大帝國。最重要的是，你有比巴爾！他是那麼地聰明。要是我有一個像他那樣的臣子，我也會是一個偉大的君王。」

慷慨寬大的阿克巴說:「如果你想要的話,你可以帶走比巴爾。」

他召喚比巴爾,並且下令:「你必須跟隨我的哥哥。」

比巴爾說:「大王!你的哥哥值得擁有比我更好的人。何不派我的哥哥呢?我可以派他去。」

阿克巴認為這是一個妙計,因為他確實不敢想像失去比巴爾的光景。於是他興高采烈地說:「立刻召他前來。」

隔天,那個人即將啓程前往他的新王國,宮廷安排了一場盛大的餞別會。當時的氣氛充滿了期待,因為每個人都等待比巴爾及其兄長的到來。

終於,比巴爾拖著一頭公牛進入王宮。

「這是什麼?」阿克巴問。

比巴爾說:「這是我哥哥。」

阿克巴怒氣沖天。「你這是存心侮辱我和我的哥哥嗎?」

「不,大王!」比巴爾說,「牠是我的哥哥,我們兩個都喝同一個母親的奶。」

智慧瑜伽不認同任何事物,幫助你解脫

一旦你的智力認同了某件事物,你就只能在這個認同的領域內運作。不論你認同的是什麼,你所有的思想和情感都會源自那個認同。此時此刻,假設你認同自己是一

個男人，那麼，你所有的思想和情感都會從此一認同而來。如果你認同自己的國籍或宗教，那麼，你所有的思想和情感都會源自那些認同。不論你有怎樣的思想和情感，這些認同都是某種程度的偏見。事實上，你的頭腦本身就是某種偏見。為什麼？因為它是根據有限的數據來運作，而且是被一個會分別的智力帶領。你的頭腦應該被視為通往神性的階梯，但因為如此的緣故，它卻跌跌撞撞、永無止境地流於平庸，而且有時甚至已經成為直接通往地獄的樓梯。

有一種身分認同被稱為「我執」（ahankara），而智力則是圍繞著它而運作。如果我們繼續使用之前提及的刀的比喻，那麼，揮舞那把刀的手則是身分認同。或換句話說，你的身分認同決定和操縱你的智力。當你使用一把刀時，重要的是，你不只要有一把鋒利的刀刃，也要有一隻能夠穩穩握住它的手。沒有一隻穩定的手，你最後可能割傷自己好幾百萬次。人類所經歷的痛苦，大多數不是因為外在的情境，外界對人類造成的痛苦是最小的，其他的全都是人類自找的！

一旦你認同某件「不是你」的事物，你的頭腦就會成為一列停不下來的特快車。如果你把頭腦開足馬力、全速前進，同時又想踩煞車，這是行不通的。但如果你能夠解開你和所有「不是你」的事物之間的糾結——如果你不去認同，讓它如實存在，你將會看見頭腦就會變得空白。當你想要使用它時，你可以使用；在其他時候，它只會是空無的，所有心理的混亂喧鬧都消失無蹤，這是頭腦應該有的樣子。但此時此刻，你認同那麼多的標籤，而在此同時，你又試圖要使頭腦停下來，這根本是行不通的。

不論你認同什麼，當死亡來臨時，每一個身分認同都會消失。如果人類學會自願地拋下這些身分認同，生命將會充滿喜樂。如果你不用任何身分認同——身體、性別、家庭、資格、社會、種族、種姓、信條、社群、國家，甚至物種等等——來妨害拖累你的智力，你自然而然地就會朝著你的終極本質前進。若非如此，死亡終究會粉碎一切。對此，你不必有所懷疑！

如果你運用智力試圖去企及你的終極本質，這稱為「智慧瑜伽」或「了知的瑜伽」（the yoga of knowing）。修習智慧瑜伽的瑜伽士不能認同任何事物，否則他們的旅途就會走到盡頭。但不幸的是，至少在印度，智慧瑜伽的支持者接受數種信仰。「我是『阿特曼』（梵atman；Universal Soul）、絕對者（the Absolute）、世尊（the Supreme Being）」，從宇宙的排列安置到靈魂的形狀大小，他們無所不通！他們已經從書本裡讀到所有這些事情。這不是智慧瑜伽，你所有的任何資訊，都無關緊要，因為對你而言，那不是活生生的體驗。或許這種不相干的資訊是非常神聖的，但它卻不會使你解脫，只會把你捲入其中！

某一天，一頭公牛在田野上放牧吃草。牠走進森林深處，並且在吃了數個星期綠油油的青草之後變得肥美健壯。一頭已過了壯年、難以捕捉獵物的獅子看見這頭肥美健壯的公牛，就猛撲而上，殺了公牛，把牠吃個精光。獅子的肚子吃得飽飽的，心滿意足地發出獅吼。幾個獵人正好經過，聽到獅吼聲，於是加以追蹤，射殺了獅子。

這個故事的寓意是：「當你滿口胡言亂語時，就不應該開口。」（When you are so

full of bull you should not open your mouth.）❾

鮮少有人百分之百地具備追求智慧瑜伽的必要智力，大多數人都需要作大量的準備。有一整套瑜伽的過程可以使你的智力變得如剃刀般鋒利，不會沾黏任何東西，但卻極為耗時，因為頭腦是一個非常難纏且詭計多端的顧客，能夠製造一百萬個幻相。如果智慧瑜伽只是你靈性追求的一部分，那麼這是可行的；但如果你把它當作是唯一的道路，那麼，只有極微少數的人才能做到。

靈性修持⑯

觀察是什麼念頭主宰你的頭腦

獨自坐一個小時，不閱讀、不看電視、不用電話、不溝通，什麼都不做。只要觀察這一小時當中，什麼念頭主宰你的頭腦——不論它是食物、性、車子、家具、珠寶或任何其他事物。如果你發現自己反覆地想著人或事物，那麼，你基本上認同的是你的身體。如果你的念頭是關於你想要在這個世界上作出什麼貢獻，那麼，你基本上認同的是你的頭腦。

其他每一件事物都是這兩個面向的複雜分支。這不是價值判斷，它只是了知你目前處於哪一個生命階段的方法。你想要進展得多迅速，取決於你自己的選擇。

❾「bull」指公牛，「full of bull」有「胡說八道」、「吹牛」之意。

第四章

把智力沈浸在覺知當中

4

在瑜伽的分類系統當中，頭腦有十六個層面，總共分為四類。這四個種類分別是：（一）頭腦的辨別層面，或智力；（二）頭腦的積聚層面，或記憶，這個層面收集資訊；（三）覺知的層面，此層面超越智力和記憶兩者；（四）我執的層面，我們之前曾討論過這個層面，你從頭腦的這個面向得到自己的認同感。

智力切割每一件事物，阻礙你與生命經驗合一

第一個層面——智力——是你生存的關鍵。你能夠分別一個人和一棵樹，完全是因為你的智力發揮功用。你知道你必須走過門，而非穿過牆，這完全是因為你的智力發揮作用的緣故。若沒有這個分別的層面，你就不知道如何在這個地球上生存。在更錯綜複雜和精密的層次上，智力對人類的文化和文明有無可估量的貢獻。

然而，我們身處時代的問題在於，智力的重要性已經變得不成比例。現代的教育

鼓勵一面倒地發展頭腦的智力面向。智力的本質是「劃分」（divide），因此，人類展開了一段全面劃分、區隔和分別的旅程。我們切割每一件事物，甚至連肉眼不可見的原子都已將之分裂了。

一旦你釋放智力，它就把它所遇見的每一件事情劈開，它不讓你全然地和任何事情在一起。雖然它是讓我們得以存活的絕妙工具，但在此同時，它也是橫阻在你和你體驗生命合一之間的障礙。

我們要怎麼處理這個問題？

瑜伽提供解決之道。在我們身處的時代中，這不只是一個有用的策略，也可能是我們唯一的機會，去逆轉一段帶領我們一路朝著自毀邁進的旅程。

頭腦累積片斷的資訊，降低智力的能力

智力之所以漸漸成為一個障礙，那是因為我們讓它時時沈浸在頭腦的積聚部分——記憶——當中。請自行審視，你將會發現，在你頭腦中生起的每一個念頭，都深植於你已經累積的數據當中，而這些數據都是你刻意或無意地收集而來的。不論如何，基本上這意味著你的智力一直都沈湎於過去，而在這種狀態下，就不可能出現嶄新的事物。因此，智力失去優勢，而變成一個陷阱。

簡而言之，頭腦的積聚部分只不過是社會的垃圾桶，它僅僅是你從外界所收集來

的一堆印象和感觸。你所遇到的每個人都在你的腦袋裡塞了一些東西，然後繼續向前，例如你的父母、老師、朋友、敵人、牧師、電視新聞主播等等，幾乎每個人都如此做。你該接受誰的東西，或不該接受誰的東西，你毫無選擇的餘地。在你說「我不喜歡這個人」的那一刻，你反而常常從他（她）身上接收更多東西，甚至比任何其他人還要多！你能夠處理你所接收的資訊，但也僅止於此。偉大的智力已經降級為一種能力——回收再利用你所撿拾的垃圾的能力。

你的頭腦每天接收的資訊採取奇襲戰法，只經由五種感官進入你的內在。如我們之前所見的，感官總是只以比較對照的方式來感知一切。但有比較對照，就有二元性。假設我要讓你看我的手，你能夠看見手的一面，卻無法看見另一面。如果我給你看手的另一面，你就無法感知這一面。人類透過感官所進行的感知，一直都是零碎片斷的，它能給你一種完整的幻相，卻永遠無法產生全面的理解。

學習把智力放在「覺知」之鞘當中

當你的智力一直沈浸在頭腦有限的、片斷的、積聚的層面時，你對生命所下的定論會是完全扭曲的。人們愈全神貫注於思惟，他們就愈不快樂，這令人感到遺憾。但請讓我澄清：念頭和思惟本身不是問題，思惟清晰的人應該是喜悅的。不幸的是，許多人愈思考，他們就愈無法笑逐顏開！他們的問題僅僅在於，他們辨別的官能已經淪為自己有限的感官知覺的奴隸。

但是，如果你讓這相同的智力沈浸在頭腦的另一個面向——覺知的面向，它就會變得更敏銳。如果你想要透過頭腦而企及你的終極本質，你就必須讓智力在終極的意義上，真正地有辨別力。這並不表示把每件事情區分為好壞、對錯、高低、天堂和地獄、神聖和世俗；相反地，它是學習去辨別真實和虛幻，以及辨別什麼在存在上是真實的，什麼在心理上是真實的。

如果你的智力浸淫在覺知之中，你分別的層面就會轉變成為一個解脫的奇妙工具。它可以變得如剃刀般鋒利，分割真偽，並且把你帶到不同的生命維度。

請學習去把你的智力放在「覺知」之鞘當中，而不是置於「記憶」和「身分認同」的囊袋之內。一旦你這麼做，這個驚人的工具將能夠毫不費力地開闢出通往終極的道路。

靈性修持⑰

把精準帶入身體的每個動作中

如果你有意識地走在鋼索上，你除了保持覺知之外，已別無選擇。如果你的智力常常在好壞、善惡之間作選擇，它就已經變成一種帶有偏見的智力。當它忙著把世界區分為好壞、善惡時，你肯定會從鋼索上掉下來。

你不必真的去走鋼索，你可以試著把精準帶入身體的動作當中（如果你從事哈達瑜伽，就會有這種精準）。例如，如果你看見地板上有一條直線，試著精準地沿著直線行走，並且保持從容的步態。這麼做不是為了讓自己變得侷促不安，而是要變得精準或精確。試著把這種精準帶入身體，看看會發生什麼事情。把精準帶入每一個動作、每一個姿勢，這是讓智力沈浸於覺知的一個方式。

第五章

「覺知」即是活著

5

「覺知」是完全未受到記憶所污染的智力

「覺知」這個詞彙的意義是什麼？它象徵什麼？我們要怎麼做，才能獲得覺知？首先，讓我們作一個重要的區別——「覺知」不是頭腦的警覺性。頭腦的警覺性只會增強你在世界上存活的能力，它是如狗般的警覺性，有助於自我保護，卻無益於自我擴展。「覺知」不是你去做的某件事情，而是你的存在方式，「覺知」即是活著。

「覺知」是現代社會甘冒風險而徹底忽視的頭腦層面，它也是完全未受到記憶所污染的智力。這是頭腦的最深刻層面，並且使你和創造的基礎連結在一起。當你接觸此一層面時，你就置身於高度覺知的狀態，使你能夠在保持全然覺察的同時，又欣喜若狂，而且完全不需要外界的刺激！當你學習去使用覺知時，就能很自然地充滿喜樂。

睡眠、清醒、死亡，這些全都只是不同層次的覺知。假設你正在打瞌睡，某個人把你搖醒。迸！整個世界在一剎那間回來了！這可不是一件小事。你立時重新創造了整個存在。在你打瞌睡時，被徹底抹滅的世界突然回來了，而且是在一個剎那之間回

來，不是在七天之內。❿

你怎麼知道世界是否存在？這只能透過你的經驗來證明，而沒有其他的證據。因此，「覺知」既可以創造這個存在，也可以徹底抹滅這個存在。這是「覺知」的奇妙之處。

你可以把覺知提升到不同的層次，當你把它愈來愈往上升級時，你就會開始體驗到完全嶄新的存在維度。對你而言，即使在最瘋狂的夢境當中都沒有人曾經想像的世界，如今卻成為一個活生生的實相。

在你入睡時，世界之所以不存在，那是因為你大多沒有覺知到它。但即使在睡眠當中，你也不是完全地無所覺知。一個睡著的人和一個死人之間的差異在於，其中一個是有覺知的。同樣地，一個清醒的人和一個覺醒或證悟的人之間也有一個差異。覺醒的人也需要睡覺，但卻因為能夠盡可能地保持覺知，因此他（她）的某個部分是不睡覺的。感官關閉，身體稍微休息，但所有其他的部分卻仍然開啟，這是因為覺知已經提升到另一個層次。

接觸自己的覺知，就獲得了通往「空」的管道

「覺知」是一個包容一切的過程，一種擁抱、接納這整個存在的方式。你無法去做它，但你卻能營造適當的條件而使它發生。不要試著去有覺知，這是不管用的。如

果你把自己的身體、思想、情感和能量保持適當的協調，覺知就會因此而綻放，你將會比現在的你更加有活力，充滿朝氣。

當你有意識地接觸自己的覺知時，你就獲得了通往「空」（akash）這種最細微層面的管道。如我們之前所見的，宇宙只是地、水、火、風、空等五大元素的戲耍，而「創造」也只是這五大元素的玩鬧嬉戲。在瑜伽的術語裡，我們用「akash」來指稱空元素，而每一個人的周圍都有這第五大元素的特定層面。其他四大元素位於體內，但空元素的層面則包覆整個身體，其籠罩的範圍通常達至十八到二十一英吋的距離。由於這個元素仍然是物質的，因此它攜帶資訊。你生命中所發生的任何事情，如果達到某種程度的強度或深度，就會被記載進入你周圍的空元素領域。

當你有意識地進入自己的覺知時，你也取得了一張通行證，可以通往身體周圍的空元素層面，以及地球、太陽系和整個宇宙周圍的空元素層面。印度和世界其他地方的古人在沒有任何現代科技所提供的工具之下，收集了大量關於宇宙的知識。所有這些知識都是透過「智力的空元素」（chidakash）層面所收集得來。

一旦你接觸了自己的覺知，你就不必「試著」去成就任何事情。你甚至不必去祈願或夢想，因為所有能夠在你身上發生的絕佳美事，都會在你身上降臨。根據瑜伽的傳說，當你學會進入這個層面時，神就成為你的奴隸！神從此為你效力。這究竟是什麼意思？這意味著，一旦你和自己的基因、業力的衝動保持距離，生命就會變得毫無負擔，靈活而有彈性，而且感到不可思議地輕鬆，這是一個超越智力、身分認同、記憶、判斷、業力和每一種分別的層面。這是存在本身的智力，在此一智力當中，生命總是如實地、全然輕安自在地發生。

靈性修持⑱

從清醒轉移到睡眠的那一刻保持覺知

如果你在死亡的時刻保持覺知，你也將能夠覺知到死亡之後的情況，我們可以先從睡覺開始練習。睡眠只不過是暫時的死亡，每一個晚上，你都面對一個巨大的可能性——覺知超越死亡面向的可能性。

今天晚上你就可以做這個實驗：在你從清醒轉移到睡眠的那一刻，試著保持覺知。你可以在床上從事這個練習，如果從清醒過渡到睡眠的最後一刻，你可以有所覺知，那麼，你就可以在整個入睡期間保持覺知。

你將會瞭解到，這個練習很費工夫。因此，你可以做另一個練習。如果你習慣用鬧鐘叫你起床，那麼，就用一個能夠提醒你有所覺知的聲音、曲調或吟誦來代替鬧鐘。你可以輕易地訓練自己作這種聯想，它可以成為你的「覺知」的鬧鐘。

當然，你不能用鬧鐘去睡覺！但事實在於，除非你徹底地不認同自己的身體，否則要有意識地從清醒過渡到睡眠，將不會是一件易事。在你清醒的第一刻，看看你是否能有意識地覺知到某件事物，例如你的呼吸或身體，之後當你想要就寢時，這將會有所幫助。

如果你能夠帶著覺知而清醒，並且在從清醒過渡到睡眠時也能保持覺知，你就是無死的。這表示，在擺脫這個肉身的時刻到來時，你將能夠保持全然的覺知。即便是接近那個時刻，也會改變你身心運作的方式，並且相當明顯地改變生命的品質。

第六章

不透過思惟的知見

6

身體內的藍圖

你曾近距離地仔細觀察過一個蜂窩嗎？不論你是否曾經研究最先進的工程學，你仍然可以從蜂窩中學到一些東西。它是工程學的壯舉，令人難以置信！蜂窩真的是你所能想像的最佳公寓大樓，精細優雅的設計和結構，而且適應性極強。你可曾看過蜂窩因為哪一種天氣而從樹上落下？

雖然它是一個傑作，但是蜜蜂的腦中有工程計畫嗎？沒有。這些計畫是在牠們的身體之中。牠們確確實實地知道該怎麼做，因為牠們的身體內有一張藍圖。

靈性的知識或知見總是如此這般地傳授——不是透過思惟，不是透過語言，而是像蜜蜂那般，世世代代地傳授牠們建造蜂巢的知識。一旦這種知見被如實地傳授或「下載」，你所需要知道的每一件事物都會存於你的內在。當你把特定的軟體下載到電腦時，你不必去瞭解它究竟是怎麼操作的，不必去閱讀在軟體裡寫的每一個字。你按下一個鍵，它就會製造一個結果；按下另一個鍵，就會製造另一個結果。突然之間，你擁有一個不同種類的奇蹟。

我在知識和知見之間作出區別。在本質上，知識是累積的資訊，所有的資訊都只和存在物質的本質有關。在另一方面，知見則是一種活生生的智力，不論是否有你，它仍然是一種活生生的智力。你不是置身其中，就是沒有置身其中，這是你唯一的選擇。

選擇使用內在本具的智力

如我們之前所見的，你的內在有一種本具的智力，能夠把一片麵包轉化為人。最精密的機器，包括大腦在內，都是由這個本具智力所創造的。此時此刻，你只是在使用大腦的有限部分，而你認為那是智力。不是的！在你的內在，有某件事物能夠創造整個大腦，高度錯綜複雜，才能出眾，而這「某件事物」卻以一種完全不同的方式運作。例如，我不用我的頭腦去思考，而用我體內的每一個細胞去思考，這使我的思考成為一個天衣無縫且融為一體的有機過程。由於這個過程牽涉了我的全部，因此它具有某種程度的融合為一。除非我選擇去思考，否則我的頭腦裡沒有太多的念頭。

在這個存在之中，沒有什麼曾經是錯位的；只有在人類社會當中，事物才一直是錯位的。在這個生命和那個生命之間，或許有比較對照，但是對於創造所有生命的智力而言，則沒有背景脈絡，也沒有比較對照，因為沒有其他的智力。你不能說它現在是否就緒到位，因為它一向都是就緒到位的，沒有別的方式。

瑜伽所追求的，只不過是從這一小把的資訊，轉移到一整個宇宙的智力。人們最後常常作出這麼一個悲慘的抉擇——選擇有限的人腦，而非有無限知見的宇宙。

靈性修持⑲

移除「思想是智力」的想法

你只要努力去做一件事情，那就是把「思想是智力」的這個想法從頭腦中移除。從一粒原子到宇宙這整個創造的過程，是智力的驚人展現。此時此刻，在你的體內，有一個搏動的智力，它是創造之源。你所擁有的智力是被高估的，而即使你擁有這種智力，你能夠徹底瞭解體內單一細胞的活動嗎？

從智力的陷阱轉移到更大智力的第一步，即是去認清生命的每一個面向——從一粒沙到一座山，一滴水到一片汪洋，從原子到宇宙——都是智力的展現，比起你微小的智力，此一智力更加高遠、勝妙。如果你踏出這一步，生命將開始用一種前所未有的方式對你說話。

第七章

相信與追尋

7

拋下道德的狹隘想法，學習如實地看待人生

有一天，兩個愛爾蘭男人在英國倫敦一所妓院前的街道上工作，他們看見一個清教牧師朝他們走來。牧師拉起衣領，低下頭，悄悄地溜進妓院。

兩個男人互望彼此，聳聳肩說：「瞧！你還能指望清教徒什麼呢？」

他們繼續工作。過了一段時間之後，一個猶太教的拉比⓫走過來，他的脖子上圍了一條圍巾，幾乎遮住了臉。他也急忙低頭閃避地進入妓院。兩個男人痛苦萬分，悲傷難過地搖頭。「這是怎麼回事？真是世風日下，神職人員光顧妓院！為什麼會發生這種事情？」

經過一段時間之後，當地的主教走來，他左顧右看，緊裹著披風，悄悄溜進妓院。

其中一個愛爾蘭男人轉頭對另一個男人說：「有個妓女一定病得很重。」

在你強烈地認同某件事物的那一刻，你就失去了生命的觀點！好壞善惡、是非對

錯等想法，都是你頭腦的造作，它們和生命完全無關。一百年前，被人們視為道德的事物，今日卻讓人無法忍受；你認為是非常好的事物，你的兒女卻輕視鄙夷。好壞、善惡的想法，只是對抗生命的偏見。

在你認同自己對道德的狹隘想法的那一刻，你就完全扭曲了。你的智力圍繞著這些身分認同而運作，使你永遠無法如實地看待世界。如果你想要靈性進入你的生命，你必須做的第一件事情即是拋下善惡等僵硬死板的想法，並且學習如實地看待人生。

保持活躍的人性，就不需要道德

今日世界的最大問題之一在於，打從童年起，僵硬死板的道德體系就被強加在人們的頭腦裡。你自然而然地認同你認為是良善的事物，自然而然地厭惡抗拒你認為是邪惡的事物，這種喜愛和憎惡是所有強烈認同的基礎。支配著你所嫌惡反感事物的，是你頭腦的本質。世世代代以來，道德家和宣道者一直叮囑人類要遠避「邪念」，這是達到相反目的的萬全策略！如果你試圖抗拒那據稱是邪惡的念頭，它就會成為一個全職工作，腦袋裡也不會想其他什麼事了。

道德優越的想法，也是促使人們忽視過多殘忍且無人性行徑的原因。那些自認為道德純良的人，大多難以相處。此外，他們把大多數的人生用在避免「錯誤」或「充滿罪惡」的事物上，這通常意味著他們老是在想這件事情。避免某件事物，並不等於

⓫拉比（rabbi）是指猶太教學者、教師。

能遠離某件事物，這種道德是以排斥為基礎。但另一方面，靈性天生就是包容的。

我們的人性本質一直受到壓制和扭曲，於是我們引進「道德」這個替代物，藉以為生活帶來一些秩序和情理。這種情況之所以發生，是因為我們尚未採取任何行動，以使人性保持活躍。如果人性是活躍的，我們就完全不需要道德。

根據時間、地點、情境和便利條件而定，每個人的道德觀各異，但是在歷史上的任何時期，在世界上的任何文化當中，不論人性是以什麼樣貌呈現，它一直都是相同的，也永遠都會是相同的。在表面上，我們每個人的價值觀、道德觀和倫理觀或許不同，但如果你知道如何深入一個人的內心，觸及到人性，你就會看見我們每個人都是相同的。

你不需要和人們有任何牽連，就可以強制實行道德規範，你只需要發派勒令即可，例如「乖乖的，說好話；如果你口出怒言，後果就不堪設想」等等。但如果你想要激起一個人的人性，你就需要更多的投入，這意味著付出和布施自己。

道德規範有其價值，因為它有助於維持社會秩序，但它也會引起內在的混亂。由於沒有人可以按照大多數宗教開立的道德處方來過活，因此，大多數的人都一直活在內疚、羞愧和恐懼的狀態之中，這是一種悲慘的、殘缺的存在。人性也會帶來社會秩序，但是它不需要任何外在的強制力量。

如果你把所有被世界上的主要宗教稱為「罪惡」的事情列成清單，你會發現，甚至連活著都是一種罪。如果你出生，那是罪；如果你月經來潮，那是罪；如果你交媾，那是罪。姑且不論所有這些了，你甚至連吃巧克力，都可能犯罪。由於生命過程本身就是一種罪，於是你時時刻刻都活在內疚和驚恐之中。如果不是因為恐懼和內疚把人摧殘蹂躪至此，世界上的寺廟、清真寺和教堂就不會如此擁擠。如果喜悅是你的天性，你就會去坐在海灘上，或傾聽樹葉的低語。只因為宗教一直灌輸恐懼感和愧疚感，於是你對自己的生理狀態感到羞愧難當！因此，你必須前往某個被視為「神聖」之地，洗去這種恐懼和愧疚感。

瑜伽能激發人性，使你成為喜悅而美好的人

人們一直都會去尋找顛覆價值觀、倫理道德的方式，但是當你天性喜悅的，你自然而然地就會親切友好地對待周遭的世界。靈性修持並不是指脫離生活，它意味著淋漓盡致地過生活。隨著年齡的增長，身體的靈活度會降低，但喜悅和活力的程度則不一定要隨著年齡的增長而遞減。如果你的喜悅和活力遞減，你就等於是在用分期付款的方式進行自殺。

遺憾的是，今日各種信仰體系都被看作是「靈性」。靈性修持一直都是一種探尋，「信仰」和「探尋」之間的差異有如天壤之別。「信仰」是你已經為了不知道的事情設下假定，「探尋」是指你瞭解到自己並不知道，而後者為你創造了大量的靈活性。在你相信某件事物的那一刻，就把某種僵化帶入你的生命過程當中。這種僵化不只是一種態

度，也滲透進入你生命的每個面向，也在世界上引起大量的痛苦。人類社會反映了人類的內在體驗，如果我們能夠創造出靈活有彈性的人類，願意用一種清新且不偏不倚的方式看待一切事物，而非困在信仰和成見之中，這肯定會使我們的社會大為不同。

對我和數百萬人而言，瑜伽是一個非常有用的方法。它完全符合科學，不是源於宗教或信仰，也不是來自某種天真的樂觀感，但它對人類的機制卻有深刻的理解。它的先決條件很簡單——如果你擁有一顆善的種子，如果你創造適當的環境，它將會發芽。你唯一要下功夫的是，去創造適當的身體和頭腦的氛圍；除此之外，你什麼也不必做，既不需要教導道德，也不需要論說形而上學。如果你的人性因而受到激發萌動，你就是一個美好的人。

在這個世界上，所有被認為負面的事情，實際上都源自「限制」。我們強加在自己身上的有限的身分認同，使我們產生了「自」、「他」的分別，而所有的罪行和負面的行為，則都是在這個區別、劃分的空間內誕生。因此，努力追求無限，可以確保我們對抗所有的負面習性。此時此刻，人類這個種族需要去解放生命，而非控制生命。從有限到解脫，這是我們的道路。

第八章

許願樹

8

為頭腦注入能量，它便成為通往「超越」的橋梁

你的頭腦可能處於五種不同的狀態。它可能是呆滯的，或完全不動且無活力的，這是頭腦未發展的狀態。如果你供給它能量，它就會變得活躍，但卻是散亂的。如果你再進一步地供給它能量，它就不再散亂，而是開始搖擺不定。如果你更進一步地供給它能量，它就會專注於一處。如果你再繼續供給它能量，它就會變得有意識、有覺察。如果你的頭腦有覺察，它就會是神奇的力量，是一項奇蹟；它是一座通往「超越」的橋梁。

呆滯的頭腦不是問題。有些人的頭腦非常簡單，智力未開，卻沒有困擾和麻煩，他們吃得安心，睡得安穩。只有那些想太多的人才會食不下嚥、睡不安穩！頭腦簡單的人在從事各種體能活動時，其表現遠比所謂的聰明人來得好。他們的內心有某種平靜，因為那得需要一些智力才能夠製造騷動和混亂。呆滯的頭腦比較接近動物的本

性，而非人類的本性。

在你注入些許能量的那一刻，頭腦就變得活躍了，但它往往是散亂的。一些人在開始從事靈性修持時，由於身體的能量達到一個新的層次，進而驅動心理，而可能使他們體驗到一個全新層次的心理活躍狀態。除非他們置身宜人舒適的氛圍當中，否則可能無法處理這種心理的活躍狀態，進而把這種在系統中加入新能量而造成的心理活躍狀態詮釋為「干擾」。人們普遍存有偏執和猜疑，這是一種懼怕新事物的習性和傾向，但實際上，他們唯一在做的事情只是從呆滯逐漸邁向更高層次的活力而已。

一旦那些頭腦極為散亂的人開始從事靈性修持，他們的頭腦就會變得比較不那麼散亂。但是有一天，它卻開始「搖擺不定」——今天朝這個方向走，明天朝另一個方向走。然而，相較於頭腦散亂或心猿意馬，這是一大進步。

如果頭腦已經搖擺不定，並且進一步地注入能量，那麼，它就會慢慢地變得專注，或如瑜伽所說的「專注於一處」（one-pointed）。這遠比之前的狀態來得好，但是當你的頭腦變得有意識時，才是最高的狀態。就工具而言，如果你能夠有意識地運用它，它就會是最為奇妙的工具，而不是你的電腦、汽車或太空梭。為什麼一個人可以輕而易舉、自然而然地獲得成功，另一個人卻得奮力掙扎？基本上，其中的原因在於前者已經安排組織他（她）的頭腦，使頭腦依照他（她）所希望的方式去思考，而另一個人的思考方式則違反他（她）自己的利益和興趣。

將頭腦發展成「許願樹」，就會心想事成

人們把一個穩定的頭腦稱為能圓滿任何願望的「許願樹」（kalpavriksha），如果你有這樣的頭腦，就會心想事成。你唯一需要做的是，把你的頭腦發展成為一棵許願樹的程度，而不是愚蠢之源。在瑜伽中，人們把能夠隨其所欲而化現的頭腦描述為「合一」（samyukti），這是從寧靜中生起的一種技巧。

一旦你的思惟變得井然有序，你的情感也會變得有條不紊，漸漸地，你的能量和身體也會朝同一個方向而變得有條有理。然而，你處理這些層面的順序可能有所不一，取決於你在哪一方面已經準備就緒。讓我們思量今日的現實狀況，大多數人除非在智力上已經相信一個體系，否則不會準備好去接受這個體系。但是，一旦你的思想、情感、身體和能量都被引導到同一個方向，你創造和隨心所欲地展現的能力就會變得不可思議。

現代科學已經證明，這整個存在只是能量的振盪反響——一種永無止境的振動。念頭也是一種振動，如果你生起一個強而有力的念頭，並且把它流露出來，它將會一直自行顯現。為了達到這個目的，你不可製造負面和自我挫敗的思惟模式，而妨礙和削弱你的念頭。

一般而言，人們把宗教信仰當作驅除負面念頭的工具和手段。然而，一旦你成為一個會思考的人，疑慮不可避免地就會浮現，頭腦就是如此。如果神在此時此地顯

現，你不會向他（她）屈服，相反地，你會進行探究調查，找出祂是否真的是神。

全心投入去創造自己在乎的事物

除了宗教信仰之外，「全心投入」是另一個選擇方案。如果你致力於創造你真正在乎的事物，那麼，你的思惟將再度變得有條有理，了無障礙。你的思惟自由順暢地朝你想要的方向流動，一旦如此，你的渴望就會自然而然地顯現為真。

為了創造你真正在乎的事物，你的渴望必須先在頭腦中顯現。仔細透徹地思量，那真的是你想要的嗎？在你的生命中，你有多少次心想「就是它」，但是一旦你達到目的，你卻瞭解到它完全不是那一回事！因此，先探索你真正想要的是什麼；一旦有了清晰的答案，你接著就要全心投入地去創造它，並且生起持續不斷朝那個方向前進的思惟。當你維持穩定的思惟之流，而且不改變方向時，這個思惟就會在你的生命中顯現為真實。

這是瑜伽的過程，藉由此一過程，你可以觸及另一個不受記憶染污的智力層面。如我們之前所提及的，這個智慧層面被稱為「覺知」，而了悟實現覺知的力量，則被稱為「覺知力」（chit shakti）。這是一個簡單卻力量強大的過程，藉由此一過程，你可以取得你內在的創造之源。

第九章

頭與心的迷思

9

我們常常聽到人們說，頭（head）帶領他們往一個方向，心（heart）卻往另一個方向。瑜伽所建立的一個基礎是：你是一個人，一個合一的人，心和頭不是分開的，你是一個整體。

心和頭不是分開的，你是一個整體

讓我們先瞭解什麼是人們所謂的「頭」和「心」。你通常把思想分派給「頭」，情感分派給「心」，但如果你仔細地以最真誠的態度加以認真檢視，就會瞭解到，你思考的方式即是你感受的方式。但是，你感受的方式也是你思考的方式，這也千真萬確。因此，瑜伽把思想和情感兩者都含納為心智體的一部分。

你通常把思惟過程或智力想成為「頭腦」（mind），但事實上，頭腦有許多層面。一是邏輯的面向，另一個是更深刻的情感面向。如我們所知的，智力被稱為「buddhi」。在傳統上，頭腦的更深層面是「心」，但在瑜伽裡，這個頭腦更深刻的情感層面是記憶（manas）。「記憶」是一個錯綜複雜的綜合體，以一種特定的方式來形塑情感。因此，你感受的方式和思惟的方式都是頭腦的活動。

它相當簡單。如果我認為你是一個很棒的人，我就會對你產生好感。如果我認為你這個人糟糕透頂，我就會對你心懷惡意。如果你與人交惡樹敵，然後卻又試著去愛他（她），那就很費功夫。我們千萬不要把單純的生活面向變成一樁費勁的事。

你思考的方式即是你感受的方式

你思考的方式即是你感受的方式，但是在你的體驗當中，思惟和感受似乎是不同的。為什麼如此？因為思惟具有某種清晰度和靈活性，而情感則表現得比較緩慢。今天你認為這是一個非常好的人，對他產生一種溫暖的感受，但是他突然間做了你不喜歡的事情，你就會認為他糟糕透頂。你的想法告訴你，他是糟糕的人，但你的情感卻無法立即改變，陷入掙扎。如果此時的情感是甜美的，無法在下一刻就便轉變成為苦澀，它需要時間轉變，它的轉彎弧度比較大。這取決於你的情感強度，可能需要三天、三個月或三年，才會調頭過來。

在頭和心之間製造這種衝突是無用的，情感只是思想較生動多汁的部分。你可以享受它的甜美，但是在絕大多數的時候，都是思惟在帶領情感，不論你是否認識到這一點。情感不完全是穩定的，你的情感也會喋喋不休，變來變去，但是它沒有思惟那麼地靈活。由於情感需要比較長的時間才能轉彎，而且它的強度通常遠比思惟來得大，因此我們常常以為思惟和情感是不同的，但事實上，它們就像甘蔗和甘蔗汁那般是分不開的。

在大多數人的經驗中，思惟不若情感那般強烈（例如，你思惟的強烈程度通常比不上你發怒的強度），但如果你生起一個夠強烈的念頭，它也會吞沒你。只有百分之五至十的人或許能夠生起這種念頭，它強烈到不需要情感的程度。百分之九十的人只能夠生起強烈的情感，因為他們從未完成走往另一個方向所必要的功課。有些人的思惟非常深刻，他們不需要太多的情感，但卻是非常深刻的思想家。

你最好不要在你的內心製造兩極化，這會引發內戰和精神分裂症。思惟和感受並非不同；一個枯燥乏味，另一個生動有趣，請享受兩者。

第十章

了知和奉愛

10

「濕婆」一詞意指「空」和「第一位瑜伽士」

在瑜伽文化中，「濕婆」（shi-va）這個詞彙具有兩個面向，其字義是「空」（that which is not），一切的「有」都來自於「空」。如果仰望天空，你會看見許多星辰和天體，但廣大浩瀚的虛空仍然佔了最大的部分。此時此刻，創造之舞即是在此一「空無」（no- thingness）當中上演。這個「空」（emptiness）是創造的基礎，被稱為「濕婆」。

濕婆（Shiva）的另一個層面是「阿底瑜吉」（意為「第一位瑜伽士」），他為人類開啓了瑜伽這門不可思議的科學。瑜伽文化天衣無縫地從喚請創造之源的濕婆，前進到迎請第一位瑜伽士的濕婆，因此，後者即是人格化的濕婆。

這相互牴觸嗎？

這完全不會相互牴觸。因為一旦達到了「瑜伽」（即終極合一）的境界，終極實相和體驗終極實相者之間就不再有分別。根據此一邏輯，瑜伽文化提供了兩個達到此一終極狀態的途徑——成為一切或成為空無；智力之道或奉愛之道。

如果你想要體驗濕婆，或體驗超越物質的層面，那麼，你不是接受那些統理非物質範疇的法則，就是融攝進入此一層面，因為它離於統治物質範疇的法則。如果你想要體驗山之巔，你可以爬升到那個高度，或僅僅是向上仰望。這是兩個基本的方式，否則就不會有交會的可能。藉由知識，你立志要面對面地會見「空」。藉由奉愛，你努力去滅除自己有限且僵硬死板的形象，並且朝一個更靈活的狀態前進，進而趨近超越喜愛與厭惡框架的層面。這些喜愛與厭惡都是你的性格基礎，人類欲望永無止境的本質，是一種渴望無限本質或超越物質存在之生命的展現。「無限」和「零」只是同一實相的正、負面的表現。

奉愛之道和智力之道是完美的絕配

「奉愛」是指放下喜愛和厭惡、執著和憎惡的二元性。這表示你不再有「什麼好」和「什麼不好」的分別；對你來說，一切都是好的。當奉愛者說「神無處不在」或「一切皆是神」時，他基本上是在說「一切都是好的」。因為相信神無處不在，他（她）抵達了一種接納的深刻狀態，這種狀態既具轉化的功能，也能令人解脫。「奉愛」是包羅萬象且無所不包的，它不去分別，這也是終極實相的本質。

自古以來，奉愛之道一直被視為最重要的靈修道路，因為它最為迅速，但它也有陷阱和隱患。智力之道則比較艱難，但它是一條「睜開眼睛」（eyes- open）的道路；相對地，奉愛之道則是一條「閉上眼睛」（eyes- closed）的道路。經由智力之道，你每踏出一步，不論是前進或後退，你都知道該往哪裡走。經由奉愛之道，不論你是前往解脫自在或已經落入陷阱，你都毫無頭緒。

對大多數人而言，情感通常比思惟更為強烈，因此，在所有的靈修道路當中，人們向來最頌揚奉愛之道。但是，如果欠缺正確的瞭解和智慧，奉愛之道會導致各種迷妄。奉愛是超越邏輯的二元本質的工具，但與其超越邏輯，修行者最後可能會一股腦地否定邏輯。因此，在進入奉愛的流動易變狀態之前，先站在邏輯的穩定平台上，就變得非常重要。

反過來看，許多人認為，奉愛在邏輯的領域裡毫無一席之地，但這不是真的。在本質上，邏輯是一個切割工具，一個明辨的器械。如果你的邏輯像一把大砍刀，那麼，當你考量一件事情時，它就會被你劈成兩半；但如果你使用的邏輯手術刀被磨得非常精細鋒利，你就可以切開物品，但它仍然看起來完好如初。當一個劍術精湛的劍客以劍砍樹時，據說甚至連樹都感覺不到被砍，而仍然能完整地挺立。如果你的智力變得如此爐火純青時，你將會發現奉愛和邏輯是完美的絕配。

奉愛可以是絕美、喜悅和欣喜若狂的，但如果沒有智力的明晰，它就會造成停滯。另一方面，如果沒有情感，靈性修持可能會變得沉悶無趣、枯燥乏味且了無生氣。如果沒有奉愛，智力就會變成僅僅是一種吹毛求疵的練習。

如我之前所說的，如果你想要體驗山之巔，你可以爬升到那個高度，或向上仰望。奉愛者知道，如果你能夠登上山巔，你仍然只是站在山巔旁邊；但如果你成為山谷，那麼整座山就坐在你的腿上。

瑜伽和陶醉

根據傳說，阿底瑜吉一直品飲月露（somarasa）——月亮令人陶醉的汁露。他吸取月光的精華，並常常因此而醉得醺醺然。

瑜伽士不反對歡樂，他們只不過是不願意滿足於微不足道的歡悅而已。他們知道，如果你喝一杯酒，它只會讓你感到興奮，但明天早晨，它就會讓你頭痛等等；瑜伽士們不願意滿足於此。為了享受陶醉狂喜，你必須完全酩酊大醉，但卻又完全地警覺。我從來不碰任何毒品，但如果你注視我的眼睛，你會發現，我一直都是飄飄然的。我完全醉了，但卻又完全地覺知。這是瑜伽這門科學所提供的樂趣之一。

最終的目標不只是陶醉，這種極樂的狀態盡除了我們對痛苦所產生的恐懼。在此一無名的狂喜狀態中，沒有對自我保護所產生的掛慮。這使得一個人能夠以特定的方式過活和行動，有時因此而被其他人視為超人。

唯有當我們徹底從頭腦中根除對自我保護所產生的、令人感到煎熬的焦慮，你才會放膽去探索人生，否則你只會想要保護它。一旦你放下對痛苦所產生的恐懼，你就能夠毫不遲疑地投入任何情境之中。即便你被投入永恆的地獄，你也會欣然前往，因為你不懼怕痛苦！

當每個人都在談論上天堂時，喬達摩佛陀說：「你說天堂的一切都是美好的，那麼，我去那裡要做什麼呢？讓我到地獄去幫助其他人，因為無論如何我都不會覺得受苦。」

只要你持續懼怕痛苦，你就不敢去探索生命的更深刻層面。只有這個身體需要被保護，你的內在才沒有什麼事物需要保護。如果你放下目前所執著的想法、哲學和信仰體系，你就能夠在下一個剎那重新創造自己的整個人生。

第十一章

愛的咒語

11

那麼，關於「愛」呢？有「無條件的愛」這種東西嗎？兩個人之間真的會有「無條件的愛」嗎？這是人們常問的問題。

一天，皮萊去公園，看見一個迷人的女子坐在石凳上，於是他也在同一張凳子上坐了下來。幾分鐘之後，他往女子那邊靠近了一點，她移開了一點。皮萊等了幾分鐘之後，又靠近一點點，她移開了。當他再靠近一點之後，女子移到了石凳的邊緣。皮萊靠得非常近，並且用手臂摟著女子。她把皮萊推開，接著皮萊跪在地上，摘了一朵花遞給她說：「我愛妳，我這輩子從來沒有像愛妳這樣愛過任何人。」

太陽漸漸西沈，他手中拿著一朵花，用動人的目光凝視著她。最重要的是，氣氛情調十足，她融化了。他們順其自然，隨心所欲。當夜色降臨，皮萊突然站起來說：「八點了，我得走了。」

她說：「什麼？現在？你剛剛才說你愛我遠勝過其他人！」

「是的，是的，當然，但我的妻子在等我。」

一般而言，我們在自己感到安心、有利的框架內建立人際關係。人們需要去滿足身體的、心理的、情感的、財務的和社會的需求，為了實現這些需求，最佳的方式之一就是告訴某個人「我愛你」。這所謂的「愛」已經成為一個「芝麻開門」的咒語，只要說出這個咒語，你就能夠如願。

「愛」是一種特質，與其他人無關。就某方面而言，我們從事的每個行為，都是在實現特定的需求。如果你瞭解這一點，那麼「愛」就有可能發展成為你的本然特質。你也可以繼續愚弄自己，相信自己是為了便利、舒適和安樂而建立的人際關係，實際上是「愛」的關係。我不是在說，在這些交往當中完全沒有「愛」的體驗，而是這種「愛」是有限的。不論人們已經讚揚稱頌真愛有多少次，都無關緊要；只消幾個期待和條件未得到滿足，關係就會立刻瓦解。基本上，這是一個互利的計謀。

真的沒有「有條件的愛」和「無條件的愛」這種東西，因為「條件」是一回事，「愛」則是另一回事。當你談論「愛」時，它必須是無條件的；一旦有了條件，它就折合成為一樁交易。或許那是一樁便利的交易，或許是一個良好的安排，但它不會滿足你，或把你帶到另一個維度，它只不過是方便罷了。「愛」不一定是便利的；大多數的時候，它不是便利的。「愛」需要用生命去投入，而你必須自我投資。

如果你必須戀愛，那麼，你就不應該存在。「墜入愛河」（falling in love）這個英語措詞的意義是很重要的。你不是「爬入」愛河，你不是「站入」愛河，你不是「飛入」愛河，你是「墜入」愛河。你應該放棄或融化某一部分的自己，而去容納、適應另一個人；交易和戀愛之間其實是有區別的。你不需要和特定的人戀愛，你可以和生命本身談一場偉大的戀愛。

你想要有所為或有所不為是根據你置身的情境而定，我們的行為總是因為外在情況的要求而被形塑，但「愛」卻是一種內在的狀態，而你內在的狀況肯定可以是無條件的。經過一段時間之後，「愛」的行為可能會變得沈悶乏味又充滿壓力。你瞭解到，「愛」不是你去從事的一件事情，「愛」是你存在的方式。

靈性修持⑳

帶著愛意看待一切

「愛」從來不是兩個人之間的事。「愛」是在你的內在發生，而你的內在不必受到某個人或某件事情的奴役。試著用大約十五分鐘的時間這麼做：找一個對你不具任何意義的事物，然後坐在它旁邊，它或許是一棵樹、一粒卵石、一條蟲或一隻昆蟲，這麼連續做幾天。過了一段時間之後，你會發現，你可以像愛你的妻子或丈夫、母親或子女那般帶著愛意地看著它。或許那條蟲根本不知道你的愛意，但這無關緊要。如果你可以帶著愛意看待一切，你就會覺得整個世界是美好動人的。

第十二章

奉愛——生命維度的轉變

12

奉愛使你覺知神性即是每個剎那的生命力

大多數人都小心謹慎地過活，不斷地測量配給他們的愛和喜悅，並節約地使用它們，害怕它們會耗盡。最慷慨的生活方式是淋漓盡致地活著，超越所有的限制，為世界樹立榜樣。如果你吝嗇到無法去愛、去開懷大笑或淋漓盡致地活著，那麼，你徹頭徹尾都是我們印度人所說的守財奴或吝嗇鬼！「奉愛」意味著你不是一個吝嗇鬼，你渾身是勁，充滿活力！一個奉愛者會盡可能圓滿而充實地去探索和體驗人生。

奉愛不是生命的剝離，而是徹底的擁抱。它不是一場戀愛，而是一件瘋狂的事。「愛」本身是瘋狂的，但卻附帶著一絲絲的理智，而你仍然可以從中復原；「奉愛」卻無絲毫的理智，也沒有復原的可能。奉愛者擁有最甜美的生命體驗，每個人可能會認為他們是笨蛋，但他們卻在地球上享受最大的樂趣。你可以決定誰是笨蛋！

當我說「奉愛」時，我不是指宗教信仰或信念。信念就如倫理道德，當人們相信某件事情時，他們就會認為自己比其他人優越。在你相信某件事情的那一刻，你的愚蠢就找到了信心。信心和愚蠢是一個危險的組合，但它們通常很相配。如果你開始注視周遭的世界，你就會清楚地瞭解，你其實所知甚微，你甚至根本無法充滿信心地採取行動。信仰體系則解決了這個問題，它賦予你巨大的信心，但卻無法治療你的愚蠢。

奉愛不是一種行為，也沒有一個導向的目的和對象；奉愛的目的和對象是無形的。藉由奉愛，你已經消融了內心的所有抗拒，如此一來，神性就能如呼吸般毫不費力地散發。神性不是一個坐在那裡的實體，它是每個剎那的生命力，奉愛使你覺知到這一點。

奉愛不是平淡微熱的，它是滾燙的

有一次，在一個傳統天主教家庭的晚餐上，男主人來到餐桌前，看著桌上的食物，並且如往常般地滿腹牢騷，詛咒他的妻子和周圍的一切。在他詛咒完了，每個人都就座後，他坐下來開始祈禱：「親愛的上帝，感謝您賜予每日靈糧和桌上所有美好的事物。」

他五歲的女兒溫順地坐在餐桌前。你知道的，這些五歲的小孩子，座位上總是多墊幾個枕頭或坐墊，但他們還是搆不到餐盤。這個五歲的小女孩坐在那裡，餐桌僅到她脖子的高度，她尖聲地說：「爹地，上帝能聽到我們所有人的禱告嗎？」

他骨子裡的基督精神立時覺醒；他說：「是的，當然，我們所說的每一個祈禱文，祂都會聽到。」

這時，小女孩稍稍低下頭，因為她陷入思考當中。過了一會兒之後，她說：「但是，爹地，祂也會聽我們說的其他事情嗎？」

「是的，在我們生命的每一刻，上帝都在傾聽我們所說、所做的每一件事情。」

她又低下頭去，並且說：「爹地，那麼祂相信哪一個呢？」

告訴我，上帝應該相信哪一個——你的祈禱，還是你的詛咒？上帝一定徹頭徹尾地感到困惑！祂一定已經放棄了。我們把生命最精微的部分系統化和制度化，突然之間，每一件事物都失去了活力，而變得了無生氣。每個人都像鸚鵡那般說出相同的字句，它們不再具有任何意義。當我們所說的話不再對我們有任何意義時，它就等於是一個謊言，而不會燃起我們內心的渴望。事實上，閉嘴是比較好的作法。

我們總是努力去摹仿自己心目中的導師和楷模。在兩千年前，某個人說了類似的話，而那些話之所以對他起了作用，是因為他心中的那團火，以及在他內在燃燒的真理，而不是因為他所說的話。

奉愛不是平淡微熱的，它是滾燙的。奉愛灼身，膽小怯懦者不宜。

阿卡．瑪哈黛薇

大約在九百年前的南印度，住著一個女性神祕主義者阿卡．瑪哈黛薇（Akka Mahadevi），她是濕婆神的奉愛者。打從童年時期開始，她就視濕婆神為其摯愛的丈夫。對她而言，這不只是一個信念，而是一個活生生的現實。

有一天，國王看見這個年輕貌美的女子，決定要娶她為妻，但遭到拒絕。國王非常堅持，並且威脅她的父母，於是她讓步了。

她嫁給國王，卻與他保持肉體上的距離。他試著向她求愛，但她一再重複地說：「濕婆神是我的丈夫。」時光流逝，國王的耐性漸失。他勃然大怒，企圖染指於她，她斷然拒絕。「我有另一個丈夫，他的名字是濕婆。他拜訪我，我和他在一起，我不能和你在一起。」

由於她聲稱自己另有夫婿，因而被起訴而帶上法庭。據說，阿卡對在場的所有人宣布：「對我來說，皇后這個身分不具任何意義，我會離開。」

當國王看見她放下一切，從容地離去時，他徒勞地做出最後的嘗試，以挽回他的尊嚴。他說：「你身上的每一樣東西，妳戴的珠寶、穿的衣服都屬於我。把它們全部留下，然後離開。」

於是阿卡在整個法庭前面脫下她的珠寶首飾，褪下她所有的衣裝，然後赤身裸體地走出法庭。從那天開始，她拒絕穿衣服，即使許多人試圖勸服她。在當時的印度，一個女人赤裸地在街道上行走，簡直令人無法置信，而且她還是一個年輕貌美的女子。她一輩子過著流浪乞討的生活，並且撰寫了一些細膩優美的詩歌，一直留傳至今。

在一首詩（由拉曼琉堅〔A. K. Ramanujan〕英譯）當中，她說：

人，
男男女女，
在遮羞之布鬆開時，
羞紅了臉。
當生命之主在此世間雖生猶死時，
你怎麼能夠保持謙遜？
當整個世界是上主之眼，
目擊一切時，
你能夠遮掩什麼？

在這個世界上或許有這種奉愛者，但他們卻不屬於這個世界。他們用來過生活的力量和熱情，啟發鼓舞了世世代代的人類。阿卡一直活在印度人的集體意識當中，而她熱情奔放、情感豐富的抒情詩歌，至今仍是備受讚譽的南印度文學作品之一。

第十三章

擁抱神祕

13

頂禮萬事萬物，看見生命最深奧之處

只有青澀不成熟的智力才會分析事物，並且推出一個結論。如果你的智力已經充分地演進而臻至成熟，你就會了悟，如果愈分析就會離結論愈來愈遠。

如果你深入生命的任何一個面向，你將會愈來愈遠離結論；較之以往，生命將變得更加神祕且不可思議。你愈深入探索生命，你就會看見它是一個永無止境、深不可測的過程。你無法瞭解它，因為你就是它。當你親身瞭解到，每一粒原子、每一粒沙子，每一顆卵石，從最小到最大的每一個生命都深不可測，你就會自然而然地懷著最大的虔敬心去頂禮萬事萬物。如果你只是坐在那裡呼吸，你會比透過任何深入的分析更瞭解生命。

當我們剖析每一件事物，想要從物理性質挖掘真相時，我們就進入了粒子科學的微型次元。從質子、中子、電子到中微子、玻色子和超對稱粒子，我們似乎愈來愈深入，但是這一切仍然只屬於物理性質的領域。人們說，宇宙大部分是由暗物質（dark matter，或黑體）所構成，而且比例多過於物質。這種暗物質完全不是由原子所構成，而是由未知種類的粒子所構成。

拿起一杯水，檢視它。你對這杯水究竟有什麼樣的瞭解？例如，為什麼氫和氧結合就成為水？或者撿起一粒卵石，仔仔細細地凝視它。為什麼它有這個特定的形狀、大小、紋理和質地？或者注視你自己，為什麼你是這個模樣？許多人可能會回答：「喔！因為我爸爸、我媽媽，所以就有了我。」但是為什麼你是這個樣子？這個身相、身體、個性的基礎是什麼？

據說在印度的傳統裡，每個人都應該頂禮他所遭遇的每一件事物，不論那是一棵樹、一頭牛、一條蛇或一片雲，你都應該頂禮。你頂禮萬事萬物，可能因為你是一個笨蛋，或因為你已經看見生命最深奧之處。笨蛋和覺悟者之間只有一線之隔，這兩者常常看起來很相似，但事實上卻有天壤之別。笨蛋無法得出結論，神祕主義者卻不願意引出結論，其餘的人則把他們的結論吹捧為知識。笨蛋享受其所知道的那一點點東西，而已看見生命最深處的人則徹底地享受生命，其餘的人則時時都在掙扎受苦。

奉愛能消融靈性之道上的所有障礙

某天早晨，一個男人走進辦公室，告訴他的老闆：「老闆！我想讓你知道，有三家公司正追著我跑，你得給我加薪。」

他的老闆說：「什麼！哪些公司？誰要你？」

他說：「電力公司、電話公司和瓦斯公司。」

所謂的聰明人、那些對生命有肯定結論的人，其背後總是有苗頭，或他們總是忙著追逐某件事物。笨蛋可以安安靜靜地坐在那裡，神祕主義者可以安安靜靜地坐在那裡，其餘的人則沒辦法。

奉愛是消融道上所有障礙的簡單方法。如果那些努力要收服喋喋不休的「猴心」的人變得虔誠，那喋喋不休就會消失無蹤。

如果你學習去頂禮，視每一件事物勝於自己，這似乎有損你的自尊。但是，成為一個奉愛者並不表示你容易受人影響或聽從勸告，能屈能伸者不會被擊敗。（這是為什麼我鼓勵人們每天早晨做哈達瑜伽，這樣你的身體就不會折斷！）這也適用於你內在的一切。

不幸的是，這年頭連所謂的精神領袖都在談論「自尊」（self-esteem）。「自我」（self）和「尊嚴」（esteem）兩者都是問題，都是非常局限的存在，都很脆弱，也一直都沒有安全感。如果你沒有「尊嚴」，非常好；如果你沒有「自我」，那就好極了！

奉愛者的生活方式

當你體驗到某件事物，而它遠比你自己大得多時，你就會自然而然地鞠躬頂禮。如果你想要成為一個奉愛者，那麼，在你生命所有的清醒時刻裡，至少一個小時一次，雙手合十地對著某件事物鞠躬頂禮。那個對象是誰、是什麼都不重要，不要去選擇。不論你看見的是什麼，它也許是一棵樹、一座山、一隻狗、一隻貓或任何東西，只要去鞠躬頂禮。

這不必是一個身體的動作，它也可以是一種內在的行為。在一整天當中，每一小時做一次，看看它能不能變成一分鐘一次。當它變成一分鐘一次時，就沒有必要使用雙手和身體，只要在心裡做就可以了。一旦這成為你生活的方式，你就是一個奉愛者。

即便你投入一輩子的時間，你仍然不會瞭解一片葉子、一頭大象、一隻螞蟻或一粒原子，你甚至無法認定DNA裡的一個分子。你無法理解領會的每一件事物，都存在於一個比你更崇高的智力狀態。當你看清這一點，真正地看清這一點時，你就是一個奉愛者。

奉愛者願意融入他所虔敬的對象，如果你是生命的奉愛者，你就會與生命合而為一。不要成為生命過程的局外人，而要成為一個奉愛者，然後融入其中。

第四部

能量

靈性修持意味著回歸生命，
並且追隨你生命能量所蘊含的深刻智力。
唯有當你刻意地朝生命能量的方向前進，
你才有膽量去探索最高層面的豐沛繁茂，
並且冒險進入最深奧的生命之謎。

第一章

追隨能量的蹤跡

1

萬事萬物都由相同的能量所構成

目前，人類以各種不同的方式去認同身體和頭腦，但基本而言，你所謂的「我自己」只是特定數量的能量。現代科學已經證明，所有的存在毫無疑問地都是由相同的能量所構成，並且以數百萬種撲朔迷離的方式顯化。當愛因斯坦提出$E=mc^2$（能量等於質量乘以光速的平方）的方程式時，簡而言之，他說的是宇宙的萬事萬物都可以被視為一種能量。世界各地的宗教在主張「神無所不在」時，也一直使用不同的說法來宣稱同一件事情。

現代科學已經透過數學推論來推出結論，宗教則透過信仰而得出結論，但瑜伽士卻難纏棘手，不會勉強自己接受推論或信仰，他們設法增強個人的感知，進而去體驗「終極」。因此，瑜伽傳統不提及神，也不否定神。

人類對「擴展」的渴望，只不過是終極無形智力的一種表現，而這種智力正是「我們是誰」的起源。與其嘗試去尋找渴望的源頭，我們反而努力於外在世界呈現這種渴望。由於我們向外開展的本質，我們自欺地相信外在的表現會帶來成果。當你把那種表現誤解為起因時，它就只會帶來束縛糾纏，而非自由自在。

觸及無限，觸及我們的創造核心，是每個人生命能量的唯一目標，它們不識其他的目標。你的頭腦可能在想金錢或新房子，你的身體可能渴望食物或睡眠，但你的生命能量卻一直渴望突破身心結構所設下的限制。在生命的過程當中，許多人已經慢慢地停止追隨生命能量的軌道。這樣的結果是，他們開始相信自己是分別獨立或自主的實體。

「分別」是一個迷思。你的食物體和心智體的內容物都是從外界收集累積而來；它們屬於你，但它們不是你。如果你想要追隨身體前進的方向，那麼你應該明白，它正直接走向墳墓。同樣地，你所知道的頭腦，則是頭腦一直累積的一大團混亂。頭腦的目標完全是自創的，它們現在看起來或許很不錯，但它們通常會把你徹底帶離生命的過程。因此，如果你跟著頭腦走，你應該知道自己正在走向一個可供選擇的心理造物，它可能有一段時間會是奇妙的、刺激的，甚至令人感到安慰寬心，但它卻和生存的實相毫無關係。

靈性修持即是追隨生命能量所蘊含的深刻智力

整個瑜伽過程的目標在於，使自己和自己對無限生命的本然渴望相調和，這個過程有意識地展現人類的這項基本需求。在瑜伽這門科學當中，各種靈性修持的宗旨都在於從三個層次來助攻這種渴望，這三種層次分別是食物體、心智體，以及人類機制的第三鞘或第三層——能量體。

「瑜伽」指的是確實且明顯地體驗身心的過程，不是把它體驗為自我的基礎，而是把它體驗為你所創造出來的結果。如果你有意識地管理身體和頭腦這兩個工具，你就百分之百地創造了自己的生命體驗。你唯一要做的是，在你和你從外界所積聚的一切之間製造距離。

你在今生所積累的一切將如影隨行，它深深地執著於你，而在潛意識裡，你也深深地執著於它。它變成一種負擔，因為你不知道何時可放下它，何時可拾起它，它有如你時時刻刻都背在肩膀上的一只囊袋。

但是，你是有可能放下它的。它仍然會是你的友伴，但至少不會成為負擔！在你和你所積聚的一切之間製造距離，這肯定是可以辦到的。你可以在你想要的時候使用它，但你卻不必認同它。如果無法保持這個距離，你的整個人生願景就會被遮蔽。你的記憶和想像都屬於心理的範疇，包括所有的想法、信念和情感，唯有當心理的和存在的範疇之間有所區隔時，我們才能夠品嚐生命，並超越生命。

靈性修持意味著回歸生命，並且追隨你生命能量所蘊含的深刻智力。我們可以透過許多方法去認識生命能量想要運行的方向，如果你不再認同生理的和心理的過程，你就會清楚地看見這一點。唯有當你刻意地朝生命能量的方向前進，你才會找到平靜與和諧。而唯有處於這麼一個穩定的狀態之中，你才有膽量去探索最高層面的豐沛繁茂，並且冒險進入最深奧的生命之謎。

疼痛非受苦

在我以摩托車代步的時光裡，我曾經騎遍整個印度。有一天，當我置身一個偏僻的地區時，出了一個不尋常的意外，我小腿肚的肌肉被劃傷，深及骨頭。於是我前往一個當地的診所，請醫師治療我的腿。醫師檢查傷口之後說他無法處理，因為他沒有麻醉設施，他建議我趕緊前往較大的醫院立即接受治療。但我說我沒時間，必須繼續旅程，以趕上我的行程。我告訴他，他必須把我的腿處理好，他拒絕了，我仍在大量出血。

在經過一番爭執之後，他屈服了，因為我站的地方已經積了一灘血。因此，在沒有施打任何麻醉藥的情況下，他開始縫合我的肌肉，在三個不同的肌肉層縫了五十二針左右。在這整個過程當中，我一直和他交談，他則從頭到尾都氣喘吁吁，一直冒汗。在縫合完畢之後，他無法置信地問我：「你的腿完全不痛嗎？」

有疼痛（pain），非常劇烈難忍的疼痛，但疼痛是一種自然的現象，而且它是有益的。沒有疼痛，你就不會知道自己的腿是否被砍了下來。但是痛苦（suffering）則完全是另一回事，疼痛已經夠糟糕了，為什麼還要用痛苦來使它惡化？痛苦完全是自己創造的。每個人都有受苦或不受苦的選擇，我們不需要用太多的智力去選擇後者。

第二章

「業」的難題 2

限制自己只做喜歡做的事，那是「業」的伎倆

有一天，皮萊和他的哥兒們一起坐在酒吧裡，突然之間，八點鐘了。皮萊放下酒杯，起身，開始朝門外走去。

他的朋友們說：「嘿，怎麼回事？你去哪裡？你為什麼不把酒喝完？」但皮萊卻不發一語、如殭屍那般地繼續往門的方向走去。

朋友們笑著說：「好了，我們知道了！八點鐘，你得回家了。你怕老婆，對不對？你到底是個男人還是一隻老鼠？」

皮萊停下腳步，轉身說：「我是一家之主。如果我是一隻老鼠，我的老婆就會怕我！」

他慢慢地走回家。他的老婆規定他應該在八點前回到家。今天，人鼠之論和他酒醉後的緩慢步調已經延遲他回家的時間。他的老婆坐在門廊上，手上拿著一根擀麵棍。她咄咄逼人地盯著皮萊看，並說：「你這個笨蛋，又喝酒了？過來，我要給你一

點顏色瞧瞧！」

皮萊儘管全身乏力，動作卻相當敏捷。他溫順地走向老婆，然後突然之間一躍而過，跑進屋內。她起身，緩慢而笨拙地尾隨在後。他讓她追著他滿屋子跑，並且相信她永遠無法逮到他。在你追我跑之後，皮萊飛奔進入臥室，藏到床底下，她仍在後面追趕。她身形壯碩，無法鑽到床下。皮萊老神在在地躺在那裡，老婆則大聲叫喊：「你這個懦夫！你在床底下做什麼？快點給我出來！你究竟是個男人還是老鼠？」

皮萊回答：「我是一家之主。我有想躺在哪裡就躺在哪裡的自由。」

當時，床底下是他唯一可待之處，但他卻聲稱那是他的自由！不幸的是，大多數人差不多都在做相同的事——他們把自己的衝動、局限貼上「那是我的選擇」的標籤。如果你能夠在既定的情況下，滿心歡喜地去做必要做的事，那就是自由。但是，限制自己只做你喜歡做的事，那是一種非常衝動的生活方式。這種衝動是「業」（karma）的伎倆。「karma」是一個古字，但已經被全世界的人給濫用糟蹋了。

你生活的一切都受到過去印象的制約

究竟什麼是「業」？

「業」的字義是「行為」（action），行為有身體、頭腦和能量三種。不論你用身體、頭腦或能量從事什麼行為，都會留下特定的殘留物。這個殘留物形成它自己的模式，而且這些模式會跟隨著你。當你累積了大量的印象之後，這些印象就慢慢地自行形塑為某種傾向，而你就會變成一個自動化的玩具、你的模式的奴隸，以及你的過去的傀儡。

「業」有如你不知不覺地為自己所寫的老舊軟體，你按照自己的行動種類而寫下軟體，一旦你寫了特定的軟體之後，你的整個系統就會乖乖地按照軟體來運作。特定的記憶模式基於過去累積的資訊而形成，並且持續復發再現。此時，生命只是循環週期。

因此，相同的模式一直回到你的生活當中。這些模式儘管有一些變化，但基本上卻是相同的，世世代代地一再重複。經過一段時間之後，這種反復會是極其有害的。重要的是，我們要看清，這些模式是從內支配著你，而非從外而來。沒有人必須從外控制你，但你內在的獨裁者卻時時刻刻都在對你施加控制。情境可能會改變，而你可能會認為那是嶄新的一天，但於內在，你卻一再地體驗相同的事情。因此，事情改變得愈多，它們就愈守舊——不是身體上的，而是經驗上的！你無助地困在「業」的軌跡裡。

此時，「自由」是一個虛詞，因為你思考、感受和瞭解生命的方式，甚至你端坐、站立和移動的方式，都受到過去印象的制約。從你出生的那一刻起，你的父母、家人、教育、朋友、你居住的地方、你旅行的地方，全都決定了你的一切。「業」被加密在生命的每一個面向上，它被壓印在你的心理記憶、你的身體基調、你的化學作用和你的能量上。這些全都是後援備用系統，即便你失去自己的身體或頭腦，仍然不會喪失業力！後援備用系統是非常有效率的。

「業」能決定你的命運

你所認為的「我的個性」——你一大籮筐的特點和傾向，是你無意識地收集資訊的結果。在傳統上，這些傾向被描述為「習氣」（vasanas）。「vasanas」這個詞彙的字義是「氣味」。今天的垃圾桶裡有什麼種類的垃圾，它就會散發出那種氣味。你散發出哪一種氣味，你就會吸引招致特定種類的生命情境。

假設今天垃圾桶裡有一條腐爛的魚，你可能覺得它臭氣熏天，但許多其他生物可能會深受吸引。如果明天垃圾桶裡有花朵，它雖然聞起來不同，但仍然會吸引其他的生物。

將近三十年前，我第一次南下前往哥印拜陀市（Coimbatore），並且在一位醫師家中作客。他喜歡交際，告訴我發生在他家中的一個事件。他們來自印度沿海地區，他的長女特別喜歡吃魚。當時，她在北部德拉敦（Dehradun）的山區內上學讀書，那裡沒有魚可以吃。於是，每當她放假回家時，每天都想要吃魚。醫師的妻子吃素，即便她不吃魚，但仍然會為女兒烹調。

如果你出身印度的這個區域，你就會知道有一種特別小的小魚乾，其氣味難聞得不得了。如果有一台貨車運送這些小魚乾，你會希望你的車和這台貨車保持兩英里的距離，或在經過它時屏住呼吸。在家中烹調這種小魚乾，是把鄰居逐出家門的絕妙策略！這個女孩就想要吃這種魚。

因此，當他們煎炒這魚乾時，整座房子彷彿被熏蒸一般，那氣味可以讓亡者復生！醫師的妻子走進廚房，告訴廚子如何烹調，但是在臭氣開始從煎鍋散發出來的那一刻，她難以忍受地跑出廚房。在此同時，待在臥室的女兒也聞到了，因而循著那股味道從臥室跑出來。母女兩人一股腦兒地撞在一起，結果把母親的鼻子給撞斷了！

我之所以提起這個事件，用意不在於說明獎懲，而是把它當作一個例子，來說明強烈的執著和瞋恨可能帶來的後果。當你的生活受到強烈的執著和瞋恨控制時，禍事就難免降臨。習氣或傾向是你的身體、頭腦、能量活動之印象大量累積所產生的結果，而你所謂的性格，只是這些習氣的表現。

今天如果你用一種特定的方式去做事，而某個人問你為何不採取不同的作法，你常常會宣稱：「我本來就是這樣的，難道我不能做我想要做的事嗎？」你不是本來就這樣的，你也不是在做你想要做的事情，這些習氣已經成為強迫性的衝動行為。這就是你的束縛，是你正在不知不覺地為自己所寫的一種軟體。一旦你的軟體拍板定案，它彷彿就是你所能行走的唯一一條生命的道路，是你注定的命運。然而，靈性修持卻意味著我們已經下定決心，要有意識地重新撰寫自己的軟體。

在印度，「karma」是一個常用的字眼。如果人們做出任何衝動的行為，其他人會立刻說：「喔！那是他的業。」這表示，那是他們自己造作出來的。任何體驗的辛酸與甜美都不在於事件本身，而在於你感知和回應它的方式。一個人的辛酸體驗，可能是另一個人的喜樂。

從前，有一個悲慟欲絕的男人坐在墓碑旁，悲傷地哭泣，甚至用頭撞擊墓碑。「喔，我的生命已失去意義！如今你走了，我的身體已成一具無用的屍骸。如果你還活著，如果命運沒有那麼地殘酷，如果你沒有離開，我的生命就會有多麼地不同！」

附近一位牧師在無意中聽到這個男人所說的話，於是他說：「我想這個躺在這堆墳土之下的人對你至關重要？」

「重要？是的，重要！」那個男人流下眼淚，哭號聲甚至更大了。「他是我妻子的第一任丈夫！」

因此，你的生命品質總是由「你如何體驗生命」來決定，而不是由「生命提供了你什麼」來決定。

擁有覺知，即可鬆開「業」的束縛

重要的是，我們要記得，「業」不是一個負面的字眼，它為你的生命帶來穩定和架構。在每一個剎那，印象透過五種感官，如洪流般地湧入你的系統之內，而且每一個印象都被記錄下來。這被儲存下來的資訊並沒有什麼不對之處，它對你的存活極有用處。如果你刪除所有這些資訊，那麼，甚至連最簡單的生活面向，你都不知道如何處理。靈性修持不求去拆除這個「業」的印象儲藏庫，而是幫助你更覺察到它的存在，並且建立一個小小的空間，讓你能夠站在這個儲藏庫的外面。

因此，你的軟體本身不是問題，唯有當它支配你的人生時，它才會變成一個問題。談論「善業」和「惡業」，有如在談論「好的束縛」和「壞的束縛」，其實並沒有這種事情。「業」是你自己的造作，它既非善，也非惡。如果你能夠和它保持一點距離和空間，它就會是一個有用的軟體。這是所有靈性修持的目標——鬆開「業」對你的掌控。不論你過去的「業」的性質是什麼，人類都擁有足夠的覺知，可以完全地掌握當下的「業」。

如果你想要在人生中達到任何的轉化和進步，那麼，唯有你打破「業」的循環模式，這種轉化和進步才可能發生。任何循環的事物都持續不斷地在運動，但卻沒有真正地進展。如果你對生命很敏感，你早就會瞭解這一點。如果你不那麼敏感，那麼，當你年長一點，就會對此有所了悟。你可能覺得一切都稱心如意，例如你的專業生涯可能愈來愈發展，你的資金可能日益增多，你的家庭可能日益興旺，但你卻沒有真正的獲得。你愈快獲致成功，就愈快了悟這一點。當你處於不圓滿的狀態時，你就會一直想著，一旦實現夢想，一切都會好起來。但如果你的夢想實現得非常迅速，你就會突然瞭解到，雖然一切都如願以償，但生命依舊未了，你的渴望仍然縈繞不去。

徹底地體驗生命，即可消融「業」

在你打破循環之前，你的生命沒有真正的選擇。有時，你可能覺得自己有所突破，事情似乎有所改變，在接下來的三天，一切似乎都絕妙美好，但到了第四天，你又落入相同的軌跡。這種情況不是已經發生很多次了嗎？這是因為只要你受「業」的掌控，你就沒有思惟、情感和行動的自由，最重要的是，沒有體驗的自由。

在此同時，避免「業」也不是問題的答案。在日常生活中，「躲避」或許可以給你一些平衡和穩定性，但慢慢地，它逐漸侵蝕你的生命和喜悅，這本身就是非常負面的「業」。否定、壓制或躲避生命會帶來更多的束縛，而非自由。「我不想要業」這個渴望本身就是一個巨大的「業」！

生活過程本身即可消融「業」，如果你徹底地享受生命的每一個剎那，你就消融了大量的「業」。當你百分之百地體驗你所遭遇的一切，當你至極地體驗每一個生命氣息，而了無念頭和情緒的散亂，了無任何心理的戲碼，你就從生死的過程中解脫了。你不只更加生氣勃勃，你就是生命本身。

瑜伽提供了一個方式，不只可以使你與你的「業」保持距離，也可以和「業」的根源保持距離，而能分別的智力即是此一途徑。在你生命的每一個剎那，它提供了你要做為一個受害者、旁觀者或生命主人的選擇。藉由適量的努力和修行，每個人都可能為自己寫一個喜悅和幸福的軟體。

和你的生命渴望調和一致

當你瞭解到，只有在與缺乏物質的人相比時，你所有的物質成就才具有價值，而這種成就的喜悅是源自另一個人的匱乏之時，你真的能夠稱此為喜悅嗎？這難道不是一種病嗎？現在該是每個人面對這個問題的時機。如果你獨自在地球上，你想要什麼？問問自己這個問題，看看你會得出什麼答案。

試著這麼做：單獨坐著五分鐘，看看如果你獨自一人在這個世界上，你的生活會是什麼樣子？如果你沒有人或任何事物可以拿來比較，你真正的渴望會是什麼？如果沒有來自外界的賞識或批評，你真正看重的會是什麼？如果你每天都做這個練習，你就會和你的生命渴望（也就是你自己）調和一致，而不是和你所累積的一團「業」（你認為的你）協調一致。

第三章

生命的機制

3

「克里亞」是指超越所有物質層面的內在行為

基本上，「克里亞」（kriya）意指「內在的行為」，內在的行為不牽涉身體、頭腦或能量的物質層面。如我們之前所說的，雖然身體和頭腦是你的，但對你而言仍然是外在的事物。你從外界積聚了身體和頭腦兩者，身體是食物的積聚，頭腦是想法的積聚，即便是能量體的印記，也都是五種感官印象的積聚。當你能夠以能量的非物質面向去從事一個行為時，它就被稱為「克里亞」。這一切可能聽起來有點深奧，而且唯有在一個已經精通能量領域的人引導之下，你才有可能去修持克里亞。

如果你的行為表現於外，牽涉了身體、頭腦和能量的物質面向，那麼，它就是「業」。但是如果你轉心向內，並且從事一個超越所有物質層面的行為，那麼，它就是「克里亞」。「業」是一個束縛你的過程，「克里亞」是一個解脫你的過程，瑜伽最重要的面向一直都是從事超越能量之物質層面的行為。在身體的四個層面當中，你最能意識到身體的行為，接著是頭腦的行為，然後是情感的行為，而最忽視的就是能量的行為。在你學習以生命能量的非物質面向去從事行為的那一刻，你突然就進入了新層次的自由，這包括你內在和外在的自由。

你如何取用生命能量的非物質面向？瑜伽練習牽涉了體位、呼吸、頭腦的態度和能量的活化，而所有這些瑜伽練習基本上都是為了協調身體的前三個鞘——食物體、心智體和能量體。唯有在協調此三者之後，你才能找到進入超越物質層面——根本的生命能量——的入口。

我親眼目睹許多人開始從事簡單的克里亞，突然之間他們變得極富創意，能夠成就他們過去從來不敢想像的事情，這純粹是因為他們把「業」的根基鬆開了一點的緣故。他們搖動自己的生命能量以圖改變，而不困在身體、頭腦、能量的物質過程的糾結當中。這是每一個人類都可以學習去做的事情。

修持克里亞瑜伽需要特定的基本紀律

克里亞瑜伽（kriya yoga）是行走於靈性之道上的一個力量極為強大的方式，但在此同時，它也極為嚴格吃力。許多現代的都市人不習慣全面多元地使用身體，因此，他們可能會覺得克里亞瑜伽既費勁又不人道。這是因為克里亞瑜伽非常繁複，而且需要大量的紀律、專注和準確性的緣故。大多數人沒有這條瑜伽道路所需要的身體、態度或穩定的情緒，主要是因為他們打從孩提時期開始，就習慣過著舒適的生活。習慣於身體的舒適不是一個問題，但時時追求舒適，則是一大問題，這種態度和情緒並不適合修持克里亞瑜伽的道路。

此外，那些老是把「自由」掛在嘴邊的人，也無法從事克里亞瑜伽，還有那些老是問某類問題的人，同樣不適合練習克里亞瑜伽。例如：「為什麼我不能自由自在地吃冰淇淋？」「為什麼我不能在我想要的時間起床？」「為什麼我不能隨心所欲、隨時隨地吃我想吃的、喝我想喝的，以及和我想要的人做愛？」如果你採取克里亞之道，就必須把特定的基本紀律帶入所有生理、心理和情感的過程當中。如果你想要達到意識的高峰，紀律是不可或缺的。你不能參加派對狂歡直到清晨，然後企圖在明天攀登聖母峰！修持克里亞瑜伽也是如此。

當你被授予特定的克里亞瑜伽規則之後，你就必須遵守奉行。在修持克里亞瑜伽的過程當中，你或許會漸漸瞭解紀律的必要性，但它永遠不會完整地被解釋說明。如果它必須被解釋說明，就喪失了克里亞的精髓。這是因為克里亞是超越邏輯和體驗框架的工具，藉以進入那些被視為靈性或奧祕的非物質層面。

如果我想要把克里亞當作修行法門那樣地把它傳授給你，那麼，把它們寫成書會很簡單，你也可以從書中學習和背誦它們。但是克里亞是一個活生生的過程，必須用特定的方式把它銘印在你的系統當中，因此它需要特定的紀律、全心投入和接受能力。當你行走在一個完全陌生的地方，如果你不信任嚮導，你的旅程就會變得不必要地漫長和艱難。

修持克里亞之道掌控能量，創造生命的機制

一般而言，在克里亞的道路上，大多數的古魯都會讓弟子等待。在傳統上，當弟子向古魯學習克里亞瑜伽時，古魯很可能囑咐弟子先掃地掃一年，然後再洗碗盤洗一年！如果弟子對古魯的信任堅定不移，古魯就可能會開始傳授克里亞。這麼做是有其原因的。一旦你用一種特定的方式授予人們力量，使得他們系統的振動超出正常標準，而且如果他們不具備應有的態度和情感，就可能為自己帶來巨大的傷害。在今日的世界，要花那樣的時間與人相處，以及要達到那種信任，然後銘印那些克里亞，其實是困難的——它並非不可能，但機會渺茫。

我投入二十一年的時間去改造一個力量強大的克里亞——香巴維大手印（Shambhavi Mahamudra），使其有可能被傳授給今日的世界大眾。此一克里亞的特定面向可能會使修行者傷己或傷人，或影響他們周圍的元素，因此，我已經設立了防護措施，只留下生理、心理和靈性的利益。在那二十年期間，我刻意遠離各種形式的公開露面，因為我把整個焦點主要集中在重新打造克里亞，以確保它能夠廣為傳授，而不會帶來任何不利的後果。

克里亞瑜伽是一條充分發展成熟的道路，而只有對那些有意探索神祕層面的人，

它才有其重要性。如果你只關心自己的幸福，或只尋求了悟，那麼，你可以小規模地運用克里亞。你也沒有必要只單單修持克里亞瑜伽，因為它需要太多的勤奮精進。

如果你非常熱切地遵循克里亞的道路，卻沒有古魯的引導，你可能需要花上好幾世的時間，才會開花結果。如果有人積極地引導你經歷整個過程，克里亞會是探索內在本質和神祕現象最為勝妙、力量最為強大的方式；否則，克里亞會是一條迂迴的路徑。在克里亞的道路上，你所追尋的不只是幸福、喜樂或了證；相反地，你會想要去明白創造生命的機制，會想要知曉生命的工程學。這是克里亞瑜伽是一個更漫長過程的原因。

那些修持克里亞之道的人已經掌控自己的能量，因而展現出完全不同的風采。他們可以拆解生命，然後再把它重新復原。例如，如果你正在追求智力之道，你的智力會變得如剃刀般鋒利，但你卻仍然無法處理自己的能量。同樣地，在奉愛之道上，你對能量也束手無策（你也不在乎，因為你唯一重視的是情感的濃烈甜美，你只想要融入你虔敬的對象當中）。如果你在業力之道上，你可以於外在世界成就許多事情，卻無法處理自己。另一方面，克里亞瑜伽士可以隨心所欲地處理他們的內在世界，在外在世界也大有所成。

覺知生理的循環週期

「業」在每個人類身上運作，其結構基本上是循環的。如果你非常仔細地觀察，你會發現在一天之內，相同的循環發生許多次。如果你觀察敏銳，就會發現自己每隔四十分鐘就會經歷一個生理的循環週期。一旦你看清這一點，那麼，你只要運用必要的注意力和覺知，就能夠騎乘在這個循環週期之上，邁向超越——超越這些循環所設定的限制。因此，每隔四十分鐘，生命就呈獻一個機會——覺知的機會。

每隔四十分鐘至四十八分鐘，呼吸的重心也會從右鼻孔轉移到左鼻孔。呼吸的重心在右鼻孔一段時間，然後轉移到左鼻孔。覺知這個轉移變化，如此你至少會知道有一部分的你在改變。這種覺知可以進一步增強，成為對太陽和月亮之於身體的影響的覺知。如果你把自己的身體與太陽、月亮的循環週期保持同步，你肯定會獲得身心的健康。

第四章

能量的迷宮

4

右脈、左脈和中脈是能量系統的基礎

瑜伽系統為人類能量體的解剖學提供了全面且精細詳盡的觀點，並繪製出能量系統內的七萬兩千條經脈，以及能量在這些經脈中的移動。這七萬兩千條經脈源自三條基本的經脈——右脈（pingala）被稱為「陽脈」或「太陽脈」，左脈是陰脈（ida），然後是中脈（sushumna）。

這三條經脈是能量系統的基礎，右脈象徵陽性，左脈象徵陰性。在此，「陽性」和「陰性」不是指生物學上的差異，而是指某些天生的特質。左、右兩脈代表了這些特質。

如果一個人的右脈非常顯著，外向的、探索的特質就會佔優勢。如果左脈比較顯著，則善於接納和反思的特質就會佔優勢。這與男女性別無關，你可能是個男人，但左脈可能比較居主導地位；你或許是個女人，但右脈可能比較佔優勢。

右脈和左脈也象徵太陽和月亮——太陽象徵陽性，月亮象徵陰性。太陽是積極、外向的，而月亮則是接納、反思的，它的循環週期與女性的身體密切相關。在頭腦的層面，右脈代表邏輯的面向，左脈代表直覺的面向，這兩個二元性是生命物質層面的根本所在。唯有當陽性和陰性兩者全力運作，並且處於適當的平衡時，人才算是完整的。

中脈是你最重要的生理面向，但它通常未被探索。它不需要依賴七萬兩千條經脈，但它卻是整個經脈系統的支點。一旦能量進入中脈，不論你周圍正在發生什麼事情，你都能保持一定的平衡。此時，你可能相當平衡，但如果外在的情境具挑戰性，你也會因此而受到干擾。然而，一旦能量進入中脈，你內在的存在就變得不需要仰賴外界，因為中脈獨立於七萬四千條經脈之外。

脈輪是經脈匯聚而創造出的能量渦流

今日人們廣泛地談論「脈輪」（chakra）。「chakra」意指「輪」（wheel），在瑜伽系統裡，它具有非常特定的意義和重要性。這年頭，有所謂的「脈輪校準中心」，宣稱可以平衡你的脈輪，清除阻滯，並且療癒你的疾病、過去、現在和未來。現在許多人都在「做」脈輪，它已經成為一種時尚狂熱，但它可能具危險性，我們應該小心謹慎和精準地處理這個非常精微的課題。

經脈並沒有物質的顯化，如果切開身體往內看，你不會找到經脈。但隨著你變得更加覺知，你將會注意到，能量不會隨意地流動，而是在既定的通道內行進。

脈輪是力量強大的生理中樞，經脈以特定的方式在脈輪匯聚，創造出一個能量渦流。如同經脈那般，脈輪的本質微妙，也是非物質的存在，而且在匯聚時，它們是呈三角形（不是如「輪」這個字所指的圓形）。在一台機器當中，運轉的零件總是圓形的，因為圓形在運動時，所遭遇的阻力最小。這些能量中心之所以被命名為「脈輪」，因為輪子有「運動」或「動力」的含義。

我們的身體內有一百一十四個脈輪，兩個在體外，一百一十二個脈輪位於體內。在這一百一十二個脈輪當中，有七個主要的脈輪。對大多數人而言，只有三個脈輪是活躍的，其他的脈輪則處於蟄伏或輕度活躍的狀態。你不需要去激活這一百一十四個脈輪，你只需要激活幾個脈輪，就可以過著相當完整的生活。如果你激活所有這一百一十四個脈輪，你就完全不會有身體感。瑜伽的目的在於啟動你的能量系統，時時降低你的身體意識，於是你可以坐在這裡，但你卻不再是那個身體。

沒有身體感的瑜伽士

在南印度，有一位傳奇瑜伽士薩達希瓦．婆羅門札（Sadashiva Brahmendra），他是一個「nirkaya」，字義是「沒有身體的瑜伽士」（bodiless yogi）。他沒有身體感，因為對於處於這種狀態的人而言，他甚至不會想到要穿衣服。他總是赤身裸體地走來走去。此外，在這種情況下，他也沒有家、財產或身體界限的感受。

一天，他恰巧走進國王位於卡微里（Kaveri）河畔的花園裡；當時，國王正坐在那裡，和皇后們一起享受放鬆舒適的時光。薩達希瓦．婆羅門札漫步進入花園，沒有意識到自己赤身裸體。國王怒火中燒。「這個笨蛋是誰？竟敢光溜溜地走在我的女人面前。」

國王派遣士兵去追他。士兵們在薩達希瓦．婆羅門札後面追趕，並且大聲叫喚。薩達希瓦．婆羅門札並未轉身，還是繼續往前走。其中一個士兵在盛怒之下，拔劍砍下他的右臂，但他卻一步未停地繼續往前走。

士兵們看見這一幕，都驚訝地愣住了。他們瞭解到，此人並非尋常人等。國王和士兵們追著他跑，對著他行大禮拜，祈求他的寬恕，並且把他請回花園。他在那座花園中度過餘生，最後在那裡捨棄了肉身。

在瑜伽傳統中，這類的事例不勝枚舉。當你的能量處於增強的狀態時，身體的感受會減弱到你甚至可以連續好幾天不依賴外在的養分。

生命能量藉由脈輪而有不同層面的表現

在這個系統中，脈輪究竟扮演什麼樣的角色？

七個基本的脈輪分別是：（一）海底輪（muladhara），位於會陰，也就是介於肛門和生殖器之間的區域；（二）生殖輪（swadhishthana），位於生殖器正上方；（三）臍輪（manipuraka），位於肚臍下四分之三英吋之處；（四）心輪（anahata），位於胸廓與橫隔膜交會處的下方；（五）喉輪（vishuddhi），位於喉結；（六）眉心輪（agna），位於兩道眉毛之間；（七）頂輪（sahasrara），又稱「梵穴」（brahmarandra），位於頭頂的囟門（新生嬰兒頭頂上的柔軟部位）。

這些脈輪是七個不同的層面，你的能量藉由這些脈輪而有所表現。你內心的體驗，例如憤怒、痛苦、平靜、喜悅和狂喜，都是你的生命能量的不同層次的表現。如果你的能量主要在海底輪，食物與睡眠將會是你生命中最具主導地位的因素。如果你的能量主要在生殖輪，歡悅將在你的生命中居主導地位，這表示你在許多方面都會享受你的身體。如果你的能量主要在臍輪，你就是一個實幹家。如果你的能量主要在心輪，你就極具創造力。如果你的能量主要在喉輪，你就會發展出非凡的力量。如果你的能量主要在眉心輪，你就會在智力上有所了證，不論外界發生了什麼事情，智力的了證可以為你的內在帶來平靜和穩定。

這些只是不同程度的能量強度。相較於那些生命只關乎吃與睡的人，追求歡樂的人就擁有較強的生命強度。那些想要在世界上闖下一片天空的人，其生命強度大過那些尋歡作樂的人。相較於前面這三種人，藝術家或創意十足的人則更熱情地過活。如果你進入喉輪，那就會是一個完全不同程度的強度，而眉心輪的強度就更高了。如果你抵達頂輪，你就會爆發無法言說的狂喜，在沒有任何外在的刺激或理由之下，你純粹因為自己的能量已經達至巔峰而欣喜若狂。

在談到脈輪時，如果有高低之分，就是一種誤導；這有如在比較一幢建築的地基和屋頂，屋頂並不比較優越，地基也非比較劣等。一幢建築的品質、壽命、穩定性和安全性大多仰賴地基，而非屋頂。例如，在身體當中，你的能量在某個程度上，必須位於海底輪（muladhara）。「mula」意指「根源」或「來源」，而「adhara」意指「基礎」，在身體工程學裡，海底輪是基礎。如果你希望有所成長，你必須培育磨練海底輪。

在此同時，脈輪也具有靈性的面向，並非只是物質的面向。如果你投以適量的覺知，相同的海底輪會產生轉化，使你完全擺脫對食物和睡眠的衝動需求。

身體上部的脈輪與「渴望無限」有關

這些脈輪落入兩種不同的層面，海底輪、生殖輪、臍輪及相關脈輪，和保持身體的穩定比較有關；這些是和大地、自我保護有關的特質。當你的能量主要在這些脈輪時，樸實自然就會是你的特質，而你也比較受到大自然的控制。喉輪、眉心輪、頂輪等位於身體上部的相關脈輪，把你拖離大地的拉扯。它們與「渴望無限」有關，使你能夠接納、感受一種力量——我們習慣稱這種力量為「恩典」。

心輪位於身體的中段，是位於身體上段和下段的脈輪之間的平衡點。它有如介於上、下段脈輪之間，以及介於生存本能和趨向解脫的本能之間的一個過渡。兩個相互鎖扣的三角形象徵心輪，一個三角形指向上，另一個三角形指向下，形成一個六角星。許多宗教傳統一直使用星星當作神聖的象徵，因為在這些文化當中，一些覺悟者透過心輪而了證其根本的本質，並且發現這個位於其內在、由兩個相互鎖扣的三角形所形成的脈輪。

喉輪（vishuddhi）位於喉結內，「vishuddhi」的字義是「過濾器」。如果你的喉輪變得力量強大，你就能夠過濾進入體內的任何事物。換言之，一旦你的喉輪非常活躍，你就會變得非常強大，外在的大自然就不會對你造成任何影響。印度的圖像學在描繪第一位瑜伽士濕婆時，把他的喉嚨畫成藍色，因為他能夠過濾外在世界的所有毒物，並且把毒物隔置在喉嚨，防止它們進入體內。

如果你的能量進入位於兩眉之間的眉心輪，你在智力上就會有所證悟，但仍然未親驗解脫。八世紀印度的偉大神祕主義哲學家阿底·商羯羅（Adi Shankara, 788-820）行遍整個印度，在進行形而上學的辯論時，擊敗眾多學者。他的邏輯無懈可擊，因為他的邏輯結合了他對眉心輪的親身體驗，使他具備超凡具智力的洞見和感知。

第七個脈輪（頂輪）位於身體之外。大多數人的頂輪是蟄伏的，如果我們從事靈性修持或熱情認真地過生活，就有可能激活頂輪。如果你抵達頂輪，你的體驗就不再是智力的，而是親驗的。你爆發無可言說的狂喜，開啟最深奧神祕的界域。如果你沒有足夠的靈性修持，創造必要的生理和心理的平衡，那麼，你證得的狂喜有時可能會變得無法控制。在印度的傳統中，人們把這種狂喜的神祕主義者稱為「阿瓦杜塔」

（avadhuta）。他們處於這種意識的改變狀態之中，無法自行處理世俗的生活面向，因此，常常需要周圍的人餵食和照料。

靈性道路是一段從海底輪前往頂輪的旅程

基本上，任何一條靈性道路都可以被描述為一段從海底輪前往頂輪的旅程，一段從一個層面到另一個層面的演進發展。瑜伽系統提供一系列廣泛的靈修法門，使修行者能夠把能量從一個脈輪移動到另一個脈輪。然而，從眉心輪到頂輪之間卻沒有一條通道，你不是得跳進去，就是得落進去。

這是為什麼印度的靈性傳統如此強調古魯的重要性的原因。從眉心輪跳躍至頂輪，需要極大的信任。假設你面對一個無底深淵，並且有個人要你投入深淵，那麼，你必須是徹底地瘋狂、勇氣非凡或絕對信任，才會一躍而入。幾乎沒有人擁有那種勇氣，只有極少數人會足夠瘋狂到捨棄一切地過活。大多數的人都小心謹慎地過活，而且保護他們的界限是其最重要的需求。因此，對百分之九十九點九的人而言，他們需要的是信任。沒有信任，他們永遠不會跳出去。

然而，我們不必一想到深淵，腦海就浮現可怕坑洞的陰暗影像。相反地，深淵代表一個遠離所有可能傷害和痛苦的空間，是一個完全嶄新、完美無暇、非反復循環的層面，一個超越比較對照和背景脈絡的層面，而在這個超越極樂的寂靜空間內，你不再是一個個人，而是無所不包的無限本質。

因此，跳躍是值得的。跳躍即是一切，跳躍使得無底深淵變成無邊無際的自由。

靈性修持㉔

穩定脈輪

把焦點放在距離眉心六至九英吋外的一個點上，雙眼睜開地注視那個點十二至四十八分鐘，你就會了悟你的每一個脈輪的本質和結構（取決於時間長短和專注的程度）。

外在情境所製造的緊張壓力會使脈輪隨機運動，而這種領悟則有助於穩定脈輪。克里亞瑜伽極為深奧微妙，而這只是克里亞瑜伽的一個面向，讓你進入你內在的空元素或乙太的層面。

未知的道路

瑜伽的第六支被稱為「禪那」（dhyana, dhyan），就本質而言，它是指超越身心框架的界限。佛教僧侶把「禪那」從印度引進中國，中國人稱它為「禪」（Chán）。

這個瑜伽經由東南亞國家而傳入日本，變成了「禪」（Zen），並發展成為一套不強調教義的直觀（direct insight）體系。日本禪是一條沒有經典、書籍、規則或嚴格修行法門的靈性道路，它是一條未知的道路。

第一次使用我們現在所謂的「禪」的法門，大約記錄於八千年前，遠在喬達摩佛陀之前。加納卡王（King Janaka）聰穎傑出，也是一個熱情洋溢的探求者，心中燃燒著求知的渴望。他讓王國內所有的靈性導師搜索枯腸、絞盡腦汁，但沒有一個人能夠幫得上忙，因為他們全都是照本宣科。他仍然必須會見一個擁有內在體驗的人。

一天，國王出外狩獵。在他騎馬深入叢林時，看見一個瑜伽士，於是停了下來。當時，阿希塔瓦卡拉（Ashtavakra）坐在一間小隱居所的外面，他是有史以來最有成就的瑜伽士和靈性大師之一。加納卡王準備下馬去迎接他。當他把一條腿盪過馬鞍，即將下馬時，阿希塔瓦卡拉說：「停！」

加納卡王於是停在那裡，一條腿仍踩在馬鐙上，另一條腿懸在半空中。那是一個痛苦的姿勢，但加納卡王一動也不動，凝視著阿希塔瓦卡拉。我們不知道古魯讓加納卡王保持那個姿勢多久的時間，但在那個尷尬的狀態下，加納卡王突然徹底覺悟。阿希塔瓦卡拉所運用的法門，類似今日世界眾所周知的「禪」（Zen）。

從前，有一個備受敬重的禪師，但他從不說法。他的肩上總是背著一個大布袋，裡面裝了許多物品和一些糖果。當他造訪每一座城鎮和村莊時，小孩子總是聚集在他身邊，而他在分送糖果之後，就會離開。人們向他請法，他都只是哈哈大笑，然後踏上路途。

一天，一個享譽盛名的禪師前來見他，想要查明這個背著一只布袋的人究竟懂不懂禪。於是他問這個人：「什麼是禪？」那個人立刻放下布袋，挺直地站著。接著他問：「禪的目標是什麼？」那個人拾起布袋，扛上肩，然後走開了。

瑜伽也是如此，每一個靈性修持都是如此。當你想要證得瑜伽或禪時，你必須放下重擔，捨棄一切，保持自由自在，挺直而立，這很重要。如果身負重擔，你可能永遠做不到。什麼是瑜伽的目標？有意識地再度荷負重擔，而現在，你不再覺得那是一個重擔！

第五章

神性科學

5

「聖化」是指讓事物或空間充滿神性

把一個空間「聖化」（梵pratishtha）是什麼意思？

人們常常隨便地使用「聖化」這個詞彙。對大多數人而言，它表示一系列的儀式，而且最多只會為我們的生命注入美感和詩意，而不具真正有用的功能。大多數人都認為，它僅僅是繁文縟節，專門用來混淆模糊靈性修持的過程，以剝削充滿恐懼和容易受騙的大眾。現在該是我們拋棄這種膚淺的瞭解，並且更深入地探究的時機。

如果你把泥土轉變成為食物，我們稱此為「農業」。如果你把食物變成肌肉和骨骼，我們稱此為「消化」。如果你把肌肉變成泥土，我們稱此為「火化」。如果你把這肌肉，甚或石頭、空間，轉變成為一種更崇高的可能性，這就是「聖化」。

「聖化」是一個活生生的過程。正如我們之前所討論的，今日的現代科學告訴我們，每一件事物都是相同的能量以一百萬種不同的方式自行展現，如果真是如此，你所謂的神、石頭、男人（女人）或惡魔，全都是相同的能量以不同的方式發揮作用。

如果你有必要的科技，便可以把周圍的空間轉變成為充滿神性的地方。你可以隨意地拿起一塊岩石，把它變成天神或天女，這是聖化的現象。

自古以來，尤其是在印度，關於「聖化」的大量知識一直世世代代地流傳。這是因為不論你的人生有多美好，你的壽命有多長，在某個時候，人類想要接觸創造之源的基本渴望將自行發聲。如果社會沒有為每個個人創造接近這些更深刻層面的可能性和管道，那麼，社會就是未能為其公民提供真正的幸福。

正是因為這種覺知，印度文化才在每一條街道上興建無數座廟宇。其背後的想法並不是去建造彼此競爭的廟宇，而純粹是因為沒有人應該居住在一個未經聖化的空間內。

靈性儀式的目標——聖化血肉之軀

一個人能夠住在聖化的空間內，這何其幸運！當你真的住在聖化的空間內，你生活的方式就會變得非常不同。你或許會問：「我可以住在沒有被聖化的空間內嗎？」你可以。你可以聖化自己的身體，但是問題在於，你能夠使自己的身體一直保持聖化嗎？

所有靈性儀式的目標，一直都是把這個血肉之軀聖化成為一個如廟宇般的空間，在此之後，我們唯一需要做的事情就是維持。在聖化儀式之後，每天從事靈性修持是把人體維持在一個高度活躍狀態的方式。我曾經多次給予人們力量強大的聖化儀式，有時是正式的，有時則是非正式的。把一個沒有生命的物品——例如一塊石頭——聖化，需要消耗大量的生命力，但是要把人變成活生生的寺廟，則既便宜又環保，而且他們是可以活動的！把人聖化有諸多優勢，但問題在於，人們必須投入一定的時間、能量和專注來使自己保持聖化，否則就不會起作用。

當世人太過分心散亂，而且不願意把自己變成活生生的寺廟時，建築石製寺廟就成為一種必要。建造寺廟的基本目的在於利益那些未從事靈性修持的人，而這些人佔了絕大多數。如果人們可以在這樣一個經過聖化的空間從事一些靈性修持，其獲得的利益就會加倍。對於那些不知道如何把身體變成一座寺廟的人而言，外在的寺廟尤其無價。

以生命能量聖化的事物，能永遠保持聖化

我們可以藉由各種不同的方式來進行聖化，但一般都是使用儀式、咒語、聲音、形狀和各種其他材料，時時維護是必要的。寺廟內的儀式不是為了你而舉行，而是為了使神或能量形式保持活躍。什麼是「神」？神是為了達到一個特定目的所使用的工具，以圓滿實現生命的不同面向。事實上，「yantra」是形容神的傳統用字，就其字義可翻譯為「儀器」或「一種運作中的能量形式」。傳統智慧一直告誡人們不要在家中設置石像，如果你設置了石像，你就得每天使用正確的過程來維持。如果神是透過咒語而被聖化，而你並未每天進行必要的維持，神就會成為一種吸取的能量，可能會對住

在鄰近地區的人造成巨大的傷害。不幸的是，因為人們維持不當，不知道如何使寺廟保持活躍，許多寺廟已經變成這種情況。

生命能量聖化（prana pratishtha）則不同，因為它使用你的生命能量去聖化某件事物。當你透過這種方式去聖化一個物體時，它不需要任何的維持；我們可以說，它永遠都會保持聖化。一九九九年，在南印度哥印拜陀市的艾薩瑜伽中心，我以生命能量聖化迪阿納靈伽（Dhyanalinga），完成了我的人生任務。

迪阿納靈伽是一種精微的能量形式，所有的脈輪都以其登峰造極的狀態運作，這是這座聖殿可以不舉行任何儀式，也不需要任何儀式的原因。迪阿納靈伽不需要任何的維持，因為它的活力永遠不會改變，即使你取走它結構裡的部分石頭，它也將始終如一。不必去在意迪阿納靈伽隨著時間可能會產生的物質變化，其能量形式將永遠不毀不滅！這是因為迪阿納靈伽的真實形相是由一個非物質的層面所構成的，它是無法被摧毀的。

置身聖化的空間，即可吸取能量

印度的寺廟從來不是讓人們祈禱的地方。傳統的作法是，你早晨醒來的第一件事就是沐浴，之後直接前往寺廟，坐在那裡一會兒之後，才展開你的一天。寺廟有如一個公共的充電所，但如今大多數人已經忘記這件事情。他們只是前往寺廟，徵求詢問一些事情，屁股碰一下寺廟的地板之後，就起身離開了。這樣做毫無意義，去寺廟的意義是坐在那裡，並吸取那個地方的能量。

在哥印拜陀市的迪阿納靈伽瑜伽寺（Dhyanalinga Yogic Temple），你不需要「相信」任何事情，就能夠獲取它的利益；你不需要祈禱，或從事任何儀式供養。我鼓勵你們只要閉上眼睛，置身在那個空間一段時間。如果你嘗試這麼做，你就會發現，那是一個不可思議的經驗。迪阿納靈伽具有任何形相所能達到的最高強度，即使那些對冥想一無所知的人坐在寺裡，他們就會自然地開始進入冥想。它就是這樣一種了不起的工具。

如果我能擁有必要的支持和機會，我想要聖化整個地球！這是我很在行的事——無中生有地創造一個力量極為強大、生氣勃勃的空間，把一片金屬或一塊石頭轉變成為「神性之振動」（divine reverberation）。我的夢想是，有朝一日，所有的人類都居在一個聖化的環境裡。你的家應該被聖化，街道應該被聖化，辦公室應該被聖化，你置身的所有處所都應該被聖化。當你居住在這樣的一個空間內時，你就不需要按照達爾文所定的刻度來進行演化，而可以一躍進入終極幸福、自由自在的狀態。

靈伽是最初之相，也是最終之相

在印度，大多數的古寺廟都是為了濕婆或「空」而建。在印度，有數千座濕婆廟，但大多數的濕婆廟內都沒有濕婆像，而且一般都有一個標誌性的形狀——「靈伽」

（linga）。

「靈伽」這個詞彙意指「相」（the form）。當造物開始發生時，或當未顯化者顯化時，它所採取的第一個相是橢圓體的形狀，或立體的橢圓，而我們稱此為「靈伽」。它開始是一個橢圓體，然後採取許多其他的形狀和色相。如果你進入深刻的冥想狀態，你就會發現，能量在全然消融之前，再次呈現靈伽之相。現代的宇宙學家已經確認，每一個星系的核心都是一個橢圓體。

因此，在瑜伽當中，靈伽一般被認為是存在中最完美、最根本之相；它是最初之相，也是最終之相。而在最初和最終之間的空間內，造物於焉產生；在此之外的則是「空」或濕婆。因此，靈伽之相實際上是造物結構的一個開口。就物質的創造而言，前門是靈伽，後門是靈伽！這使得寺廟成為物質構造中的一個開口，你可以直接掉入而穿過它，然後超越它，而這正是靈伽成為一個巨大的可能性的原因。

有趣的是，我們在世界各地都可以找到靈伽。在非洲，有赤陶土製成的靈伽，大多具有超自然的玄妙用途。在希臘古都德爾菲（Delphi），有一個位於地底的靈伽，被稱為「地球的肚臍」。這完全是一個臍輪靈伽（manipura linga），用來促進繁榮和物質的福祉安樂。當人們給我看這個靈伽的照片時，我立刻知道是哪一種人聖化了這個靈伽。它肯定是由數千年前的印度瑜伽士聖化的靈伽，我對此毫無疑問。

二〇一五年，我在美國田納西州為「阿底瑜吉：瑜伽的住所」（Adiyogi: The Abode of Yoga）進行聖化，那是一個相當可觀的靈性輸入事件；事實上，那是正統瑜伽在西方世界所樹立的里程碑。在看過各個重要的古蹟之後，我相當肯定，在過去三千年間，這種在能量上有其重要性的事件尚未在北美發生，也沒有在西半球發生。這個空間經由生命能量聖化的過程而聖化，用以讚揚世界的第一位瑜伽士。這個空間代表了一個活生生的儲藏庫，儲藏了最具活力、最豐富的能量振動和生氣勃勃的活力，專門用來追求和修持瑜伽，也為西方世界的靈修者提供了獨特靈性的可能性。

迪阿納靈伽讓人全然體驗生命最深的層面

在今日的印度，大多數的靈伽只代表一個脈輪，或最多代表兩個脈輪，而且都是為了物質的福祉安樂而被聖化。有一些心輪靈伽被聖化，以促進和平喜樂。迪阿納靈伽獨一無二之處在於，它具備了七個脈輪，而且其能量都處於巔峰狀態。如果我們為七個脈輪分別創造七個靈伽，這個工作會容易很多，但卻不會創造出相同的影響力。因此，迪阿納靈伽有如一個最進化者的能量體，在瑜伽文化中，這指的即是濕婆，而且一切眾生都能夠永久地享有，它是最崇高的可能的顯化。

如果你把能量推到非常高層次的強度，到了某個時候，能量就無法保持它的形狀。在超越那個臨界點之後，能量就會變得無形無相，而絕大多數的人都無法體驗到這種能量。迪阿納靈伽在經過聖化之後，其能量已經結晶到最高的程度，超過那個點就變得無形無相了。我們以這種方式創造了迪阿納靈伽，如此一來，每一個心有所向的靈修者，都能夠體驗與一個活生生的古魯一起靜坐的親密感。

最重要的是，迪阿納靈伽之所以成為一種無邊無際、前所未有的靈性可能性，那是因為它代表了一個讓人徹底全然地體驗生命最深層面的機會。一個人進入迪阿納靈伽的範圍內，他的空元素（乙太體或智識體）等層次就會受到影響。如果你透過食物體、心智體或能量體而達到某種轉化，這種轉化可能會在生命的過程中喪失。但一旦你觸及智識體，這種轉化就會是永久的。即便你經歷許多生生世世，這解脫的種子將會等待適當的時機而發芽開花。

我投入三年半的時間進行一個非常密集的聖化過程，而完成了迪阿納靈伽。許多瑜伽士和成就者曾經試圖創造這樣一個靈伽，但基於各種原因，所有的必要條件從未具足。成就迪阿納靈伽不是出自我的意志，而是我古魯的意志。雖然我和我古魯之間的接觸是短暫的，但就每個方面而言，它一直是重大的。它引導我生命的每一步，包括我的出生。迪阿納靈伽最後得以完成，全歸功於上師的恩典和眾人的愛、支持和瞭解。這些人不論是知情地或不知情地、心甘情願地或勉強地、有意地或無意地奉獻付出，我對所有人都心懷感激。

創造具能量的空間

如果你學習如何透過一個簡單的幾何形狀來運用五大元素，你就能夠為自己創造一個極具利益的能量空間。你可以嘗試以下這個簡單的練習。

你可以使用米粉或某種穀粒，畫出類似以下圖例的圖形。把一個裝滿水的碟子放在圖形中央，碟子內放一盞小小的印度酥油燈。現在，你用水、火和風創造了一個幾何形狀，水裡的花朵代表「地」，而「空」當然一直都在那裡。

如果每個傍晚你都嘗試這個簡單的過程，你將會發現，你房間的能量以一種微妙但力量強大的方式而產生變化。藉由這個方法，你可以每天為你的家或辦公室賦予獨特的力量。

第六章

恩典的山巒

6

對大多數的瑜伽士和神祕主義者來說，他們的問題一直都是無法和周圍的人分享他們證悟的果實。尋找一個能夠領受你所知的人，並非易事。如果你能夠找到這樣的人，光是找到一個，你就算幸運的了。

東方宗教的聖地——岡仁波齊峰

因此，大多數的靈性大師把他們所了知的事物，「下載」到偏僻遙遠但又非完全不可及之處。他們常常選擇山巔作為「下載」的處所，因為這種地方較少人跡，也比較不受打擾。在印度，有許多諸如此類的美妙處所。岡底斯山的岡仁波齊峰（Mount Kailash，位於西藏西部的山峰，被人們視為聖地，年代久遠，具有無可估量的力量）儲存了最大量的知識，在很久很久以前，這些知識以能量的形式被儲藏於此。

岡仁波齊峰是地球上最偉大神祕的圖書館，幾乎所有東方的宗教都認為它是最為神聖之地。在印度教信徒眼中，它傳統上被視為偉大的濕婆神及其妻子帕爾瓦蒂（Parvati）的住所。佛教徒視其為聖地，因為他們相信最偉大的三位佛居住於此。耆那教徒認為，他們的第一位大師或蒂爾丹嘉拉[12]是在此處證得解脫。西藏的原始宗教苯教也認為岡仁波齊峰極為神聖。

在過去的十一年中，我一直前往岡仁波齊峰朝聖。二〇〇七年，我前往聖山時，我的健康狀況特別糟糕。那時，我已經馬不停蹄地旅行了數個星期，世界各地困惑不已的醫護人員診斷我罹患各種不同的疾病，包括瘧疾、登革熱、傷寒，甚至癌症。困惑的醫師們看到我的血液報告，都連呼：「這太不尋常了！」最後，我決定往內看，並且對自己做一點功課。

幾天之後，我前往岡仁波齊峰。那時，我的狀況已經好轉，但仍然非常虛弱。當我注視著聖山時，我看見那裡藏有那麼多神祕的知識，等待我去取用。於是，我從聖山那裡取了一股能量，並且把它連結到我的能量系統。一旦我這麼做之後，我的生命力突然復甦，我所耗盡的能量體（被將近八星期的發燒所蹂躪）回復正常。就在大約一個小時之內，我看起來更年輕，感覺更年輕，甚至連我的聲音都改變了！其結果清晰可見。當時，我身邊將近有兩千人，都親眼見證此一轉變。

靈修者以能量所從事的事業永遠不會被摧毀

神祕主義者也在其他地方留下他們靈性修持的果實。在喜馬拉雅山區，這樣的地方多得不勝枚舉，而且都蘊含巨大的振動能量，許多神祕主義者和瑜伽士選擇這些山峰作為他們的住所。當他們住在那裡時，自然而然地留下特定維度的能量，喜馬拉雅山區因此而累積某種靈氣。

例如，凱達爾納特（Kedarnath）只是一座位於喜馬拉雅山區的小廟，那裡也沒有神，只是一個露出地表的岩石，但它卻是世界上力量最強大的處所之一！如果你努力提升自己的接受度和感受度，然後拜訪這樣一個地方，你會大受震撼。在東方，有許多諸如此類的地方，但喜馬拉雅山區吸引最多人前往。

南印度卡納塔克邦的庫馬拉山（Kumara Parvat）是另一個例子。「Parvat」意指「山」，「Kumara」意指「濕婆的兒子」，他名叫卡爾提克亞（Kartikeya）。據說他身經百戰，試圖改變世界，但是當他了悟這一切都徒勞無益後，來到這個地區。在此，他最後一次洗淨劍上的血，封劍歸隱。他知道即便自己征戰一千年，也永遠無法改變世界，這種暴力的解決之道只會引起更多的問題。因此，他爬上山，站在山頂上。一般而言，當一個瑜伽士想要擺脫身體時，他會坐下來或躺下來，但因為卡爾提克亞是這樣的一個勇士，於是他站著離開身體。

如果一個人能夠自行選擇離開肉身，同時不損肉身，這表示他已經完全掌握了生

⓬蒂爾丹嘉拉（tirthankara）意指超越生死輪迴而獲得完全自由的聖者。

命的過程。在印度的傳統中，這一般被稱為「摩訶三摩地」（mahasamadhi）或「愉悅的平靜」（glorious equanimity）。

許多年前，當我前往庫馬拉山時，人們替我搭設了一個小帳篷。我想要在篷裡睡覺，但是當我走進帳篷試著躺下來時，我的身體就不由自主地移動成為站立的姿勢，並且拆散了帳篷。整個晚上我都無法坐下來，身體只會站著。正是在那個時候，我開始瞭解卡爾提克亞的生命意義。雖然他活在數千年前，但他留在身後的事物仍然生動活躍。

這種事業永遠不會被抹滅，不論一個人在哪個地方運用了他的生命能量，他就創造了某種可能性，而這種可能性不會被任何事件所消除。任何人只要體驗過內在的層面，即便只是一點點，其存在及其所從事的事業就永遠不會被摧毀。

例如，喬達摩佛陀生活在兩千五百年前，耶穌活在兩千年前，但就我所知，他們兩人都是活生生的現實。一旦你用生命能量創造了特定數量的事業之後，那麼，它就會永遠存在，不會被時間所摧毀。如果你以血肉之軀來從事，它存在的時間就會是有限的。如果你用頭腦來從事，這個事業存在的時間就會長多了。但如果你用根本的生命能量來從事，其結果就會是永恆的。

銀色的山峰

從嬰兒時期開始，不論我注視什麼，其背景總是有一座特定的山峰。一直到了十六歲，我和朋友們討論這件事情時（他們的反應是：「你瘋了！哪來的山？」），我才瞭解到，其他人的眼睛裡並沒有山！有一段時間，我心想我應該找到那座山峰，但後來我把這個想法擱置一旁。

假設你的眼鏡上有一個斑點，過了一段時間之後你就習慣了，我對自己眼裡的山峰也是如此。唯有在很長一段時間之後，當過去的記憶排山倒海地再度浮現，同時在尋找興建迪阿納靈伽的處所時，我才又開始尋找那座一直佔據我視線的山峰。

我四處旅行。我從果阿（Goa）一路沿著每一條道路和泥徑騎了七百六十英里，一直到印度最南端的科摩林角（Kanyakumari）；我一共騎了七趟，累積了大約數千英里的里程。

然後在許多年後的某一天，我偶然來到哥印拜陀市外的一座村莊。當我沿著一條彎道行駛時，我看見了維靈吉瑞山脈（Velliangiri Mountains）的第七座山峰。它就在那裡，我從小看見的那座山峰就在那裡，它已經在我的內心活了一輩子。在我看見那座山峰的那一刻，它從我內在的視野中消失，而成為活生生的現實。突然之間，我明白，這將會是實現我人生大業的最佳空間。

如果你問我：「哪一座山是地球上最偉大的山？」我會始終如一地回答：「維靈

吉瑞山。」打從我出生以來，我的眼睛就帶著這些山峰的印記，一直縈繞不去。這些印記一直活在我的內心，而且一直都是我自己的導航系統，我內在的雷達。對我而言，這些山峰不只是某種地形而已，它們儲藏了我建造迪阿納靈伽所需要知道的一切。

「Velliangiri」這個詞彙的字義是「銀色山巒」（silver mountain），而這座山脈之所以被命名為「銀色山巒」，那是因為在一年當中，這些山脈大多數的時間都被覆蓋在雲層當中。這些山峰也是眾所周知的「南方的岡仁波齊峰」（Kailash of the South），因為阿底瑜吉（第一位瑜伽士）或濕婆本人曾經在這些山峰停留三個多月。當他來到這裡時，他不像往常那般處於極樂的狀態（根據傳說，他很氣自己，因為他未對他最熱切的一個女信徒信守承諾）。對此，他不但非常生氣，也非常沮喪，而那種能量至今仍然非常顯著，也製造了一批沿襲那種憤怒傳統的瑜伽士。這些瑜伽士在此處從事靈性修持，而獲得了這個憤怒的特質。他們並不是對某個具體的事情生氣，只不過是處於一種強烈的情緒狀態之中。

最重要的是，這座山峰對我而言意義非凡，因為這是我的古魯離開其身體的地方。對於這個瑜伽傳統的傳人而言，這座山峰有如一座寺廟、一個活生生的神龕，有如神性的洪流和一條恩典的瀑布。

第七章

神祕主義者之道

7

在某些圈子內，人們對神祕玄奧的經驗大感好奇。許多人聲稱，他們曾經有過超自然的非凡體驗，並且把它當作自己靈性進化的證明。

擁有三摩地的體驗，尚未達到終極自由

在今日人們的靈性詞庫當中，「三摩地」（samadhi）是一個常見的字眼，並且被視為具有神祕成就的一只證書。

什麼是「三摩地」？

它是一種平靜的狀態，在此一狀態中，智力超越它正常的分別功能，使得人和身體有點鬆離，你和你的身體之間因此而有了距離。

三摩地的種類繁多，但為了易於瞭解，它被區分為八種類型。這八種三摩地又可被歸為兩大類別——有餘三摩地（savikalpa，具有非常愉悅、喜樂和狂喜等屬性或特

質的三摩地）和無餘三摩地（nirvikalpa，超越愉悅和不愉悅，沒有屬性或特質的三摩地）。就無餘三摩地而言，修行者和身體之間只有一個點的接觸，其餘的能量都是鬆散的，而且不牽涉身體。靈修者可維持這種狀態一段時間，這有助於靈修者區別他們自己和身體。

在靈性的演進發展當中，三摩地是一個重要的步驟，但它仍然不是終極的目標。體驗某種三摩地，並不表示你已經脫出輪迴，它只不過是一個新的體驗層次。在你小時候，你以一種特定的方式來體驗人生；當你邁入成年，你則產生另一個層次的體驗。你在生命的不同階段，以完全不同的方式去體驗相同的事物，三摩地正是如此。

有些人可能會進入某種層次的三摩地，住於其中達數年之久，因為這種經驗是很享受的。在這種情況下，靈修者在某種程度上已經突破生理和心理的障礙，因而沒有時間、空間或肉體上的問題。但這只是暫時的，一旦他們從這個狀態中出來，所有的身體需求和心的習氣也會跟著回來。

一般而言，相較於一個神志清醒的人，微醺的人則有不同層次的體驗和豐沛感。但是不論如何，每個人都會有情緒低落而提不起精神的時候。所有的三摩地都會使人情緒高漲，而不需要借助任何的外在化學物質。藉由進入三摩地的狀態，你就會開始一個嶄新的維度，但關鍵在於，你不會因此而獲得永久的轉化。你尚未進入另一個實相，你只是體驗到更深的層次，但是你尚未達到終極的自由。

自我證悟，生命才能獲得永久的轉化

大多數的覺悟者都不會停留在三摩地的狀態。喬達摩佛陀在覺悟之後，就沒有坐在那裡連續禪修數年。他的許多弟子常進入長時間的禪修，時間可長達數年之久，但喬達摩佛陀本身則未這麼做，因為他一定已經看見自己沒有必要這麼做。在他覺悟之前，已修持和體驗所有這八種三摩地，並把它們全部捨棄。他說：「這不是我要的。」他知道三摩地不會讓他證悟。三摩地只是一種提升的體驗，一種內在的迷幻藥LSD，不需要任何外在的輸入，就能夠引起不同程度的感知。其風險在於，你可能會深陷其中，因為它遠比現實來得美麗動人。但是就如我們所知，即便是最美麗動人的體驗，經過一段時間之後都可能變成毒品。

如果你已經充分認識到什麼是你生命中的第一優先，那麼，那些不會帶領你更趨近終極自由的事物，都會是毫無意義的。例如，你正在攀登聖母峰，你不會往旁邊踏一步，因為你需要每絲每毫的能量去攻頂。現在，如果你必須抵達意識的巔峰，你就必須傾盡全力。但這仍然不夠！現在，你不會想要採取任何會讓你分心散亂而偏離主要目標的行動。

你可能會納悶，這個自我證悟是什麼？畢竟，大多數人都在追求健康、幸福、財富、愛和成功，你真的需要自我證悟嗎？

讓我們以最單純的方式來看待這個問題。你愈瞭解電腦，你就更能物盡其用，這難道不是千真萬確的嗎？你使用一個裝置或器械的能力，和你對該裝置或器械的認識成正比，這難道不是千真萬確的嗎？一個在某方面極為靈巧熟練的人，甚至可以使用一個簡單工具，便能發揮化腐朽為神奇之效，這難道不是千真萬確的嗎？你可曾看過一些人站在一片稱為「衝浪板」的塑膠板上，做出一些不可思議的事情？只不過是一片塑膠板，他們就能夠展現優雅敏捷的神奇身手！

同樣地，你對人類機制的瞭解愈深刻，你的人生就會愈奇妙。在每個文化當中，都一直有一些人做出某些行為，使得其他人因而相信奇蹟。所有這些被視為奇蹟的行為，都源自更深入地接近生命，而一些人已經享受了這個過程。如我一再所說的，每個想要更深入探究的人，都可以使用這個管道。

第八章

譚崔——轉化的技術

8

使用祕法來達成自我的目標並不相宜

今日許多和神祕學有關的修行法門，都被冒充為靈性的修持。例如，我在印度，你在美國，我想要送一朵花給你，但我不願意踏上哥倫布踏上的旅程，如果我使這朵花突然落在你的腿上，這就是玄妙的。這和靈性絲毫無關，它只是處理生命物質層面的另一個方法。

在印度，我們有許多精密複雜的祕法。有人只要看著一張照片，就能夠使人復生或喪命。他們能夠使人染上某種疾病，而通常人不會在這麼短的時間內就染上這種疾病。這些祕法的修行者也能夠讓人身強體壯，但不幸的是，負面的才能似乎前景看好，有利可圖，因此許多人都把他們的才能用於他途。不論它被用來損害健康或嘉惠健康，都無關緊要，使用祕法來達成自我的目標，都是不宜的。

瑜伽傳統充滿了偉大的瑜伽士戈拉克納特（Gorakhnath，或牧牛尊者）的故事。

有些人說，他生活於十一世紀，但很多紀錄卻指出他出生的年份更早。魚帝尊者（Matsyendranath）本身即是傑出的瑜伽士，戈拉克納特是他的弟子。魚帝尊者的成就很高，常常被尊崇為濕婆或第一位瑜伽士的轉世。根據傳說，魚帝尊者大約活了六百年。對此，我們不需要照單全收，也不必把它當作聖徒傳而加以屏除。基本上，這表示了魚帝尊者這個偶像級的人物異常地長壽，而且人們對其敬畏有加。

戈拉克納特成為他的弟子，並且崇拜愛慕他的上師魚帝尊者。戈拉克納特滿是激烈的熱情，魚帝尊者看見他熱情過度，克制不足。熱情之火燒盡諸多事物，於是戈拉克納特開始焚燒無明之牆，突然之間擁有巨大的力量。魚帝尊者看見戈拉克納特跑在他前頭，於是告訴戈拉克納特：「離開十四年，不要留在我身邊。你從我身上吸取太多東西了。」

對戈拉克納特而言，這是一件最艱難的事情。如果魚帝尊者說「放棄你的生命」，他就會立刻照辦，但叫他離開，則令他難以忍受。可是既然摯愛的上師要求他這麼做，他只好離開了。

在那十四年間，他每天分分秒秒地數日子，等待可以返回的時刻。十四年過去的那一刻，他立刻趕回上師身邊。當他抵達時，他發現一個弟子在看守魚帝尊者居住的洞穴。戈拉克納特說：「我要見我的上師！」

守衛洞穴的瑜伽士說：「我沒有收到這樣的指令，因此你最好乖乖地等。」

戈拉克納特動了火氣。他說：「你這個笨蛋，我已經等了十四年了！我不知道你是什麼時候冒出來的。你可能前天才來到這裡，你膽敢阻攔我！」

戈拉克納特把他推到一旁，進入洞穴。魚帝尊者不在洞穴裡，戈拉克納特走出洞穴，猛搖那位弟子說：「他在哪裡？我現在就要見我的上師！」

弟子說：「我沒有收到要告知他去向的指令。」

戈拉克納特無法再克制下去，他運用祕法去讀取弟子的頭腦，找出魚帝尊者的下落。於是他開始朝那個方向前進，他的古魯在半途等待著他。

魚帝尊者說：「我把你遣走十四年，因為你當時開始趨近祕法。你忽視靈性的修持，並且開始享受祕法賦予你的力量。你回來的第一件事，竟還是用祕法去讀取你師兄弟的頭腦，你還需要再離開十四年。」

魚帝尊者再次把他遣走。

有許多故事描述戈拉克納特涉足祕法禁地，魚帝尊者因此而一再地處罰他。在此同時，戈拉克納特最後終於被調教成為魚帝尊者足下最偉大的弟子。

瑜伽文化向來都是如此看待祕法的修持，從來都不敬重以待。修持祕法被認為是在濫用生命，侵犯你不應該進入的領域，只有那些迷戀權勢或金錢的人才會修持祕法。

在此同時，神祕學不總是負面的，它是因為被人濫用或誤用，才會名聲掃地。在本質上，神祕學是一種技術，沒有任何一種科學或技術原本就是負面的。如果我們開始使用科技去殺害人或折磨人，那麼，在經過一段時間之後，我們就會想：「真是受夠了這個該死的科技！」神祕學就是如此而落到這步田地。太多人為了自身的利益而濫用它。因此，在靈性的道路上，人們一般都迴避神祕學。

沒有譚崔，就沒有靈性的修持

我們所知的譚崔（tantra），即是常常被廣為指稱的神祕學。目前社會對譚崔的瞭解是，它使用非常不正統或社會不接受的方法。但就其傳統的意義來看，譚崔純粹是指「技術」（technology），它和恣意放縱的性慾絲毫無關。我們有必要清楚地區分神祕學的譚崔和靈性的譚崔，這種區分是重要的。人們把這兩種譚崔區分為「左手譚崔」（left-hand tantra）和「右手譚崔」（right-hand tantra），兩者在本質上完全不同。

「左手譚崔」牽涉各種不同的儀式，在許多人眼中可能是怪上加怪，因為它是非常外在的，你需要使用材料，並且透過精心繁複的安排，才能夠使其發生。祕法的修持一般被指稱為「左手譚崔」，例如賦予人們進行長距離溝通的力量，以及同時在兩個不同的地方現身，並且運用能量來達到損人利己的目的。「右手譚崔」則是比較內在的，它使你能夠運用自己的能量來達到目的。你把所有單純的生命面向都當作一門轉心向內、自處內省的主觀科學。「左手譚崔」是一種初步且未發展的技術，缺少經驗的外行人比較容易趨近；「右手譚崔」則經過高度精煉，只有經過力量強大的「開啓」（initiation）才能取得。

譚崔是一種特定的能力，沒有它，就沒有靈性的修持。如果你的內在沒有譚崔，你就沒有可以轉化他人的技術，你所有的只是語言文字。語言文字可以激發人、指引人，卻無法轉化人，學者們便因而不能被貼上「古魯」的標籤。所以，沒有轉化的技術，就沒有上師，沒有任何一個古魯是未掌握譚崔的。今天有太多人宣稱自己是「古魯」，但他們唯一做的只是換湯不換藥地照本宣科。真正古魯的事業在於，把整個人類機制從「業」的循環模式徹底改造成為它終極的可能性。這有如一個技師的工作，把「業」的肉疣移除！如果那個人的內心沒有譚崔或技術，你就不能稱他為「古魯」。

蛇的力量

昆達里尼（kundalini）的字義是「能量」。它是存在於每個人類內在的一種特定的能量，而且它大多數時候都潛伏未顯。在瑜伽傳統中，盤蜷的眼鏡蛇一直是昆達里尼的象徵。

盤蜷的眼鏡蛇瞭解品質極為高深的寂靜。牠靜止不動時，是絕對地紋風不動，即便牠躺在你行經的道路中央，你也會錯過牠。唯有當牠移動時，你才會看見牠。這些盤蜷的形狀本身暗藏了一股變化多端的活力，昆達里尼之所以被形容為一條盤蜷的眼鏡蛇，即是因為每個人類都具有這種巨大的能量，但是在它移動之前，你永遠不會知道它在那裡。

就身體的層面而言，如果你要活得淋漓盡致，你只需要微量的體能；唯有當你需要超越肉體，你才需要爆發的能量，使你能夠一躍而起，超越此一現實，這其中的差異有如飛行和火箭升空所需能量的總量。在大氣層內飛行是一回事，突破大氣層的屏障而進入太空航行，則是另一回事。同樣地，超越肉體需要另一個層面的能量。

每一座印度寺廟都有蛇的圖像，這不是因為印度文化膜拜蛇。蛇象徵了一個神聖的空間，這個空間包含了一種喚醒你內在未顯化能量的可能性。

如我們所知的，蛇是一種高度感知的生物（當然，部分是因為牠們全聾，只能依反射而感知），特別受到冥想者的吸引。據說在傳統上，如果瑜伽士在某處從事冥想，該地附近就會有蛇。如果你的能量變得寂靜，蛇自然而然地就會受到你的吸引。

雖然就物質層面而言，蛇和人之間有天壤之別，但就能量系統而言，兩者卻非常接近。如果你在野外碰到一條眼鏡蛇，你將發現牠會毫無抗拒地來到你的手上，因為你的能量和蛇的能量是那麼地相似。除非你身體的化學成分顯示你有所驚慌，而被蛇詮釋為危險，否則蛇並無意放棄牠寶貴的毒液。今日，全世界已經愈來愈認同蛇的毒液所具有的醫療屬性。

在歷史上，因為亞當和夏娃的聖經故事，蛇一直以來都背負著惡名。但如果你仔細檢視亞當和夏娃的故事，就會發現是蛇在這個地球上開始創造生命，否則地球上只會有亞當和夏娃這兩個糊裡糊塗、不知該拿自己怎麼辦的夫妻。如果沒有那條絕妙的蛇，你我今天就不會在這裡！

究竟而言，昆達里尼能量的生起，為一個更遠大的人生觀點設立了基礎。傳統上，人們在描繪第一位瑜伽士或濕婆時，都會在他身邊畫一條蛇，藉此表示第一位瑜伽士的感知已經登峰造極。唯有能量提升到某種強度和量度，我們才能夠感知最清淨的實相，否則我們的「業」的印記（這可以追溯到數千年前，我們曾經是單細胞生物的時候）將干涉我們感知實相的方式。

結語

喜悅

在大多數人的生命中，「喜悅」是個稀客。本書的宗旨就是使「喜悅」成為你的終身伴侶。

「喜悅」不是一種難以捉摸的靈性目標，它純粹是你的每個生命面向所需的背景環境，使你的生命能夠神奇而美妙地開展。如果喜悅不是你的生命情調，那麼，即便是生活中最令人心曠神怡的活動，都會變得繁重。你可以盡全力去處理你周圍的生活議題，但一旦喜悅成為你常時的伴侶，「你」就不再是你生活中的問題了。在此之後，生命是一段無盡歡慶和無盡發掘的旅程。

在人類歷史上，我們首次擁有必要的資源、能力和科技，藉以解決地球上的每個議題——從營養、健康到教育等等你能想到的所有問題。我們可以任憑使用科學和技術等巨大的工具，它們的力量強大到足以一再地創造世界和摧毀世界。然而，如果在使用力量如此強大的工具時，沒有伴隨著深刻的悲憫、包容、平衡和成熟，我們就會處於全球災難的邊緣。我們冷酷無情地追求外在的安樂，已經使我們處於摧毀地球的邊緣。

我們這個世代擁有前所未有的舒適和便利，卻無法宣稱自己是歷史上最喜悅或最慈愛的世代。大多數的人時時刻刻活在焦慮和抑鬱的狀態中，有些人因為自身的失敗而受苦，但諷刺的是，許多人也承受成功的苦果。有些人因為自身的局限而受苦，但許多人卻因為自身的自由而受苦。

我們所欠缺的是人類的意識，其他每件事物都已經到位，但人類卻沒有處於適當的位置。如果人類停止阻礙通往快樂的道路，其他每一個解決方案就能唾手可得。在沒有轉化個人的情況下，你就無法轉化世界。

我的人生志業一直在於賦予人類力量，使人們能夠掌控命運，進入充滿喜悅的包容狀態，如此一來，我們這個世代就不會與身而為人的可能性擦肩而過。你的喜悅、你的悲慘不幸、你的愛、你的痛苦、你的喜樂，全都在你的手中。

我們有出路，往內即是出路。唯有轉心向內，我們才能夠真正地創造一個充滿愛、光明和笑聲的世界。這本書可以是通往那個世界的入口。

讓我們使其成真。

名詞解釋

三劃

大休息式（shavasana）：字義為「攤屍式」。在古典瑜伽傳統之中，它是八十四種體位之一。修持大休息式可以促進放鬆，使身體恢復活力。

三摩地（samadhi）：深刻的平靜狀態，瑜伽八支之一。印度靈性傳統極力歌頌讚揚三摩地，三摩地的體驗具有深刻的療癒和轉化本質。

四劃

元素成就（bhuta siddhi）：已經掌控人體內五大元素的狀態；精通促進幸福之法，並且能夠進入超越物質的維度。

元素淨化（bhuta shuddhi）：瑜伽最根本的修行法門。「元素淨化」是指淨化人體內的五大元素。

中脈（sushumna）：能量體的中脈，它能引導昆達里尼或生命力。

心智體（manomayakosha）：瑜伽生理學的五鞘之一。

心輪（anahata）：它是人體內的重要脈輪或能量中心。其象徵是兩個三角形所形成的六角星，朝上的三角形代表物質，朝下的三角形則代表超越物質的維度。

五劃

生命能量（prana）：氣、風息、根本的生命力。

左脈（ida）：人體內三大氣脈之一，位於身體左側，陰性和直覺為其特性。

右脈（pingala）：人體內主要經脈之一，位於身體右側，陽性為其特性。

生殖輪（swadhishthana）：字義為「自我的居所」，是位於生殖器正上方的脈輪。

古魯（guru）：字義為「驅除黑暗者」。古魯是帶領靈修者趨向解脫的靈性導師和了證者。

六劃

合一（samyukti）：擁有穩定的頭腦的狀態，不會對抗其本身。

合十禮（namaskar）：印度傳統的修行，雙手合十，可以使人體內的左與右、陽性與陰性等兩個層面達到協調，促進合一和獨立自主的體驗，並且認可其他人也是如此。

安伽瑪達那（angamardana）：一種瑜伽系統，總共有三十一個動態過程，可以使身體精力充沛、生氣勃勃，達到身強體健的巔峰狀態。其字義是完全掌控四肢、器官和身體其他部位。它使所有的身體系統恢復生氣，例如肌肉、骨骼、神經、循環和呼吸系統。

安那般那沙提瑜伽（ana pana sati yoga）：或稱「入出息念瑜伽」，這是一套完整的瑜伽系統，牽涉了把覺知帶入呼吸。

有餘（savikalpa）：字義是「具有特質」，它被用來指稱具有特質或屬性的三摩地。

七劃

克里亞（kriya）、克里亞瑜伽（kriya yoga）：字義為「內在行為」（internal action）。克里亞轉化一個人的內在能量，以企及終極本質。瑜伽四道之一。

我執（ahankara）：一個人的身分認同感。「自我」是我執的結果之一。

吠檀多（vedanta）：字義為「吠陀的終結」（end of perceivable knowledge，可感知理解之知識的終結）。「奧義書」（Upanishads）的哲學或教法——針對「吠陀經」（Vedas）所作的思索性和形而上的論釋。

八劃

空（akash）：即「乙太」（ether），是指介於造物和創造之源之間的空間。「空」形成了細微的物質範圍，其他的造物則在其上開展。

非凡的知識（vishesh gnana）：超凡的認知，或超越感官感知的認知。

奉愛瑜伽（bhakti yoga）：字義為「虔誠的瑜伽」（yoga of devotion），是一條透過愛和虔誠而自我實現的靈性之道。修行者強烈地渴望與其虔敬的對象結合為一，這是奉愛瑜伽的特徵。它是瑜伽四道之一。

昆達里尼（kundalini）：基本的生命能量，藉由修持瑜伽而上升。昆達里尼被描繪為一條盤蜷於脊椎基部的蛇。

九劃

拜日式（surya namaskar）：一種古老的瑜伽修行，不但可以平衡人體，也可以讓靈修者易於接受太陽；這是奠基在一切生命都以太陽為能的邏輯上。

眉心輪（agna）：它是知識和覺悟的中心，也是人體內七大能量中心之一。它位於兩眉中間，是眾所周知的「第三眼」。

食物體（annamayakosha）：在瑜伽生理學中，它是身體的第一鞘或第一層。由於肉身基本上是由人消耗的食物所構成，因此它也被稱為「食物身」。

哈達瑜伽（hatha yoga）：一種瑜伽的形式，牽涉了體位和練習。人們使用哈達瑜伽作為淨化和準備的步驟，以從事冥想和進入更高層次的靈性體驗。

十劃

記憶（manas）：頭腦的一個層面，不同於智力；它是一個錯綜複雜的記憶綜合體，可形塑思想和情感。

十一劃

梵穴（brahmarandra）：「brahma」意指「終極」，「randra」意指開口或空穴。「梵穴」是頂輪（sahasrara）的另一個名稱，位於頭頂的囟門，或新生嬰兒頭頂上的柔軟部位。

海底輪（muladhara）：位於會陰，是能量體的基礎。

專注（dharana）：一種瑜伽的過程，修行者專注於一境，並與對境建立親身的接觸。瑜伽八支的一支。

習氣（vasanas）：習性或傾向。人類潛意識的特徵，是欲望和行為的殘留物。

曼陀羅（mandala）：身體系統的循環週期（physiognomic cycle），四十至四十八天為一循環，是體內眾多生理過程的自然週期。

頂輪（sahasrara）：位於人體囟門或頭頂的脈輪。

許願樹（kalpavriksha）：在瑜伽裡，一個穩定的頭腦被稱為「許願樹」。

十二劃

智力（buddhi）：分別、分析、邏輯和理性思考的能力；智識。

能量體（pranamayakosha）：瑜伽生理學的五鞘之一。

迪阿納靈伽（Dhyanalinga）：這是一種力量強大的能量形式，位於印度的艾薩瑜伽中心，薩古魯為了冥想的目的而單獨加以聖化。

脈輪（chakra）：字義為「輪」，也指在能量體中，經脈的交會之處。人體內有七大脈輪，總共有一百一十四個脈輪，其中兩個脈輪位於體外。

喉輪（vishuddhi）：七大脈輪之一。它位於喉結，是力量和眼界的中心。

智慧（gnana）、**智慧瑜伽**（gnana yoga）：修行者運用智力而證得其終極本質的狀態。瑜伽四道之一。

智識體（vignanamayakosha）：身體的五鞘之一，是一種過渡身。它推動從物質到非物質的轉化。

無餘（nirvikalpa）：字義為「了無特質」。這是一種三摩地或平靜的狀態，超越所有的特質或屬性，修行者與身體的接觸達到最低的程度。

十三劃

業（karma）：字義是「行為」（action）。人們以它來指稱過去行為的表現，而使人受到身體的束縛，並且決定一個人的諸多面向。

業力瑜伽（karma yoga）：行動瑜伽（yoga of action）。藉由業力瑜伽所從事的行為，可以使人解脫，而非受到束縛。它是瑜伽四道之一。

聖化（pratishtha）：是指聖化一件物品或空間，或使其活化的過程。這些過程主要有兩種：（一）咒語聖化（mantra pratishtha），透過持誦適當的咒語和儀式而聖化。（二）生命能量聖化（prana pratishtha），透過聖化者本身的生命能量而直接聖化的過程。

阿瓦杜塔（avadhuta）：超越二元性者。一般而言，它用來形容時時處於內在狂喜狀態的瑜伽士或聖者。

阿底瑜吉（Adiyogi）：字義為「第一位瑜伽士」，也是眾所周知的濕婆（Shiva）。瑜伽科學即源自第一位瑜伽士。

惰性（tamas）：存在（生命）的三種特質之一，其他兩種是動性（rajas）和悅性（sattva）。

阿育吠陀（ayurveda, ayurvedic）：字義為「生命科學」，它是古印度的食物和醫藥體系，使用藥草和大地元素來矯正身體的失調，並且促進健康和幸福。

經脈（nadi）：生命力或能量經由經脈而在能量體內流動。

極樂體（anandamayakosha）：根據瑜伽生理學的說法，它是構成人類的鞘（sheath）或層（layer）之一。它是一個非物質的維度。

意識的力量（chit shakti）：字義是「頭腦的力量」（the power of the mind），也是薩古魯親自設計的冥想，可以增強頭腦的力量。

十四劃

瑜伽（yoga）：字義為「軛」或「結合」。在瑜伽的狀態中，個人體驗了生命合一。瑜伽也是古老的靈性科學，提供人們企及那種狀態所需的方法和技術。

瑜伽士（yogi）：了知生命合一並處於瑜伽狀態者。

十五劃

摩訶三摩地（mahasamadhi）：平靜的最高形式，修行者完全融攝入宇宙之中，超越所有個人的特質。在其他東方靈性傳統之中，它也被稱為「涅槃」（nirvana）和「大般涅槃」（mahaparinibbana）。

輪迴（samsara）：物質世界和「業」之重複循環的本質，也為創造生命提供了必要的穩定性。

儀器（yantra）：字義為「相」（form）。它是一種能量形式，可以用不同方式來設計和聖化，並且為人們帶來繁榮興盛和安樂。

十七劃

禪那（dhyana, dhyan）：一種保持專注的瑜伽過程，主體或客體融入彼此。瑜伽八支的一支。

十八劃

濕婆（Shi-va, Shiva）：字義為「空」。它被用來指稱無限的空間，也指稱第一位瑜伽士，他體驗了與此無限空間合一的狀態。

十九劃

譚崔（tantra）：字義為「技術」，它是靈性轉化的技術。

二十劃

覺知（chitta）：清淨的智力，不受記憶所染污，是人頭腦最深刻、最根本的層面。據說，接觸此一層面的人，就已經進入創造之源。

臍輪（manipuraka）：此脈輪或能量中心位於肚臍下方，跟我們存活、與外在世界互動所需的生命能量有關。

廿二劃

蘇里亞克里亞（surya kriya）：一種力量強大、激活我們內在的太陽的過程。「surya」意指太陽，「kriya」意指內在能量的過程。這是一個促進健康、福祉和內在安樂的整體過程，也是一套完整的靈性修持。

蘇里亞夏克提（surya shakti）：這是一種瑜伽修持，可以激發人體內的太陽。

廿三劃

體位（asana）、**瑜伽體位**（yogasana）：「瑜伽」意指合一或融合；「體位」是指身體的姿勢。那些可以使人與其本身更崇高的本質達到合一的姿勢，被稱為「瑜伽體位」。瑜伽體位是瑜伽八支之一。

廿四劃

靈伽（linga）：字義為「本初之相」（the first or primordial form）。它是一個完美的橢圓體，也是宇宙幾何結構裡的基本形狀。

靈性修持（sadhana）：字義為「工具」或「裝置」。靈修被用來當作自我實現的工具。

一個瑜伽士的內在喜悅工程：轉心向內 即是出路

Inner Engineering: A Yogi's Guide To Joy

作　　者　薩古魯（Sadhguru）
譯　　者　項慧齡
美術設計　吉松薛爾
特約編輯　釋見澈
行銷企劃　蕭浩仰、江紫涓
行銷統籌　駱漢琦
業務發行　邱紹溢
責任編輯　何韋毅
總 編 輯　周本驥
出　　版　地平線文化／漫遊者文化事業股份有限公司
地　　址　台北市松山區復興北路331號4樓
電　　話　(02) 2715-2022
傳　　真　(02) 2715-2021
服務信箱　service@azothbooks.com
網路書店　www.azothbooks.com
臉　　書　www.facebook.com/azothbooks.read
營運統籌　大雁文化事業股份有限公司
地　　址　台北市松山區復興北路333號11樓之4
劃撥帳號　50022001
戶　　名　漫遊者文化事業股份有限公司
二版1刷　2023年08月
定　　價　台幣450元
I S B N　978-626-97423-2-5

國家圖書館出版品預行編目 (CIP) 資料

一個瑜伽士的內在喜悅工程 : 轉心向內 即是出路/ 薩古魯. 賈吉. 瓦殊戴夫(Sadhguru Jaggi Vasudev) 作 ; 項慧齡譯. -- 二版. -- 臺北市 : 地平線文化, 漫遊者文化事業股份有限公司, 2023.08
面； 公分
譯自 : Inner engineering : a Yogi's guide to joy
ISBN 978-626-97423-2-5(平裝)
1.CST: 瑜伽 2.CST: 靈修
137.84　　112010461